SO SNACKT
SCHLESWIG
HOLSTEIN

SO SNACKT SCHLESWIG HOLSTEIN

Karl-Heinz Groth

Ellert & Richter Verlag

sh:z das medienhaus

Grußwort

6

Einleitung

8

**So snackt Schleswig Holstein
A bis Z**

12

Literaturnachweis

163

Plattdeutsch – Einfach. So einfach. Einfach so.

164

Bildnachweis / Impressum

168

Grußwort

Vielfältig, so spricht Schleswig-Holstein. Wir sind ein echtes Mehrsprachenland. Neben Hochdeutsch hört man bei uns im Norden Niederdeutsch, Friesisch – jeweils in seinen Varianten – sowie Dänisch und Romanes.

Diese Sprachenvielfalt ist eine unserer großen Stärken. Sie ist ein wichtiger Teil unseres Heimatbegriffs und macht die Seele Schleswig-Holsteins aus. Doch Sprache lebt nur dort, wo sie auch im Alltag gesprochen wird. Wo eine emotionale Bindung zu ihr besteht. Der Sprachführer „So snackt Schleswig-Holstein" ist ein Türöffner in diesen Alltag. Wer in ihm blättert, erinnert sich vielleicht an liebgewonnene, aber längst vergessene Worte aus der Kindheit.

Doch unsere Regional- und Minderheitensprachen werden nicht nur in den Familien gelebt und gesprochen. Sie spielen auch im schulischen Alltag eine wichtige Rolle. Uns als Landesregierung ist es ein großes Anliegen, dass sich die Sprachenvielfalt an den Schulen widerspiegelt. Damit die Regional- und Minderheitensprachen unseres Landes bereits von der Schulzeit an wahrgenommen werden.

Gerade in Zeiten, die sich immer schneller wandeln, in denen die Herausforderungen immer globaler werden, ist es wichtig, dass wir uns unsere kulturelle Identität bewahren. Dieses Buch ist dafür ein kleiner, aber feiner Baustein. Ich danke dem Autor, dem Verlag und allen Beteiligten für diesen wichtigen Beitrag zum Erhalt unserer Sprachenvielfalt.

Ihnen, liebe Leserinnen und Leser, wünsche ich eine unterhaltsame und lehrreiche Lektüre und viel Spaß beim Schnacken.

Daniel Günther
Ministerpräsident des Landes Schleswig-Holstein

Einleitung

Ein herzliches Dankeschön an Frau Marita Ellert-Richter
für ihre umsichtige Lektorierung und an meine Frau Sigrid
für beständige, klaglose Korrektur- und Schreibarbeiten
während des Zeitraums der Entstehung.
Karl-Heinz Groth

Liebe Leserinnen und Leser,

es kommt mir so vor, als säße ich immer noch inmitten des Berges an Zuschriften von Ihnen zum Thema „So spricht Schleswig-Holstein" aus den Jahren 2011/2012. Über siebenhundert von diesen großartigen, authentisch plattdeutschen, hochdeutschen und friesischen Begriffen und Redewendungen, die oft auch ihren dänischen Ursprung erkennen lassen, konnten wir in die Arbeit an den Bänden „So spricht Schleswig-Holstein" und „So spricht und feiert Schleswig-Holstein" mit einbringen. Einige davon wollen wir Ihnen als unseren zum Teil neuen Lesern nicht vorenthalten und haben sie in dem vorliegenden Band wieder in verkürzter Form aufgenommen. Der Rest, weit über dreihundert, musste sich gedulden. Bis heute. Mit diesem Buch ist auch ihre Wartezeit beendet.

Sie, liebe Leserinnen und Leser, vom Jüngsten mit seinen dreizehn Jahren bis hin zur Ältesten mit ihren knapp hundert Jahren, hatten für uns geradezu sprachliche Schatzkästchen aufgeschlossen. Erinnern Sie sich noch an „den Melkmann sien Büx" oder „den Preester sien Hemd"? Es meint bei beiden Begriffen die Haut auf erhitzter Milch. Und was verbinden Sie mit dem „Sylter Klapperstorch"? Sie wissen es natürlich – den Austernfischer. Die Getränke „Angler Muck", „Pharisäer", „Tote Tante" und den Teepunsch haben Sie sicherlich schon ausgiebig genossen. Apropos Teepunsch. Es soll nach diesem heißen Getränk eine ganz und gar unpolitische Grenze in unserem Lande benannt worden sein: die Teepunsch- und Kömgrenze. Ich hoffe sehr, dass Sie sich bei diesen Getränken zurückgehalten und anschließend nicht „Rutenut" gespielt haben.

Jüngst hat eine Studie herausgefunden, dass die Schleswig-Holsteiner zufriedene und glückliche Menschen sind. Als Nordlichter unterstellt man ihnen gern, dass sie träge und mundfaul sind und sich häufig mit dem kargen „Moin", manchmal auch in der Verstärkung „Moin, moin" begnügen, wenn sie ihre Anwesenheit dokumentieren wollen. Wie falsch ist diese Annahme. „Moin", liebe Leserinnen und Leser, das ist Musik pur, ähnlich dem helgoländischen „Hallo". Mal klingt es müde, mal hastig, mal forsch, mal auffordernd, mal freudig, mal … Es kann ganze Geschichten erzählen und verkürzt langatmige Kommunikationswege.

Ein weiteres Vorurteil, die Schleswig-Holsteiner seien a-musisch, soll in diesem Zusammenhang gleich mit ausgeräumt werden. Ja, das haben die Römer, lang, lang ist's her, mit dem Spruch „Frisia non cantat" (die Friesen singen nicht) in die Welt hinaus posaunt. Und wie sie singen und musizieren und dichten! Das Schleswig-Holstein-Musikfestival, das Wacken Open Air, das Folk und das Jazz Baltica, unzählige Chöre und Liedertafeln und Kulturträger in allen Teilen unseres Landes sind beredte Zeugnisse eines überaus regen Kulturlebens. Wie „hibbelig und jiddelig" Zig-Tausende von Besuchern jährlich die Ankündigungen der Konzerte auf dem Lande erwarten, sieht man daran, dass diese schon frühzeitig ausverkauft sind.

Im vorliegenden Buch ist das Angebot an Begriffen und Redewendungen erheblich erweitert worden. Stellvertretend sei der Ausruf: „Dor warrt de Hund in de Pann verrückt" genannt, der angeblich im Zusammenhang mit einer Eulenspiegelei gefallen sein soll. Danach soll Till Eulenspiegel den Hund mit Namen Hopf eines Bierbrauers in eine Pfanne mit kochendem Hopfensud geworfen haben. Oder dieser nach einem ungenießbaren Essen: „Dat smeckt as Knüppel op'n Kopp!" Und wenn jemand nach dem Mittagessen ausruft: „Nu mutt ik noch'n beten rallögen", meint er damit, er müsse sich noch ein wenig schlafen legen. Der Begriff „rallögen" ist 2013 zum plattdeutschen

Wort des Jahres gewählt worden. Auch Kulinarisches wie „Aalsuppe" und „Birnen, Bohnen und Speck" finden Sie mit detaillierter Kochanleitung. Überdies alles das, was Sie bisher nicht über Kaffee und das „Kaffeekrögen" gewusst haben. Und auch, wie man nach „Kalifornien" und „Brasilien" kommt, wenn man doch nur im Lande Urlaub machen möchte. Und wenn Ihnen irgendwann dieser Spruch „En witjen hingst bruk föl steiling" begegnet, so erschrecken Sie nicht. Es ist unser schönes Friesisch und bedeutet … Ach, lesen Sie doch selbst. Entdecken Sie die kraftvolle, bilderreiche Sprachenvielfalt in unserem Land und erfreuen Sie sich daran. Ich hoffe, ich habe Sie ein wenig neugierig gemacht und wünsche Ihnen nun viel Vergnügen mit „So snackt Schleswig-Holstein".

Karl-Heinz Groth

Aal, gröne Aal

Eine offensichtliche Aalkennerin aus Osterrönnfeld bei Rendsburg kennt noch Text und Melodie dieses Trinkliedes: „Aal, gröne Aal, vun Fockbek kaamt se dal. In Fockbek hebbt se de Aal versopen, in Fockbek köönt se keen Aalsupp koken. Aal, Aal, gröne Aal, vun Fockbek kaamt se dal." Der Text dieses Liedes ist eine erfundene Geschichte. Sie erzählt davon, wie einst die Fockbeker versuchten, einen Aal zu ertränken, weil der vermeintlich die im Fockbeker See ausgesetzten Heringe aufgefressen haben soll. Auch wird beklagt, dass die Fockbeker keine Aalsuppe kochen können. Gekochter Aal mit einer Kräutersoße wird als „grüner Aal" bezeichnet.

Aalsuppe

Für eine schmackhafte Aalsuppe, die in manchen Restaurants noch serviert wird, gibt es das folgende Rezept:

Aalsuppe – auch optisch ein Leckerbissen

Zunächst werden Markknochen, Schinkenknochen,
Rindfleisch, Kalbsfüßchen, Hühnerklein und Lamm-
reste zusammen gekocht. In dieser Brühe lässt man junges Gemüse, jahreszeitlich bedingt, gar ziehen. Ein
wenig Wein gibt man zum Dünsten mit einer Handvoll
Backpflaumen, säuerlichen Äpfeln und aromatischen
Birnen hinzu, die nicht zerfallen dürfen. Dann wird der
Aal gehäutet und gesäubert und in einem Essig-Sud
(Wasser, Essig, Zwiebel, Lorbeerblätter, Pfefferkörner,
Salz und Dill) langsam gegart. Inzwischen bereitet man
kleine Fleischklößchen zu und hackt eine große Handvoll frischer Küchenkräuter. Diese Zutaten gibt man
vorsichtig zusammen: Die Brühe mit dem Gemüse und
das Obst in dem Wein-Sud, das Fleisch und den Aal in
den Sud, dazu die Klößchen und die Kräuter, dann alles
vorsichtig aufkochen lassen. Schließlich wird die Suppe
mit Essig und Zucker kräftig abgeschmeckt und heiß
gegessen. Dieses Gericht sollte man für viele Mit-Esser
kochen.

Aanten

Enten und Gänse (Aanten un Göös) sind auch heute
noch, trotz hochtechnisierter Landwirtschaft, nicht aus
dem Landleben wegzudenken. Vor allem die Enten be-
völkern Gräben und Abflusskanäle und sind häufig an
und vor den Küstendeichen anzutreffen. Der niederdeutsche Dichter Klaus Groth (1819–1899) hat die
Enten im Wasser (Aanten in't Water) in prächtigen laut-
malenden Versen beschrieben. Hier der Beginn:

Aanten in't Water,	*Enten im Wasser,*
wat för'n (voern) Gesnater!	*was für'n Geschnatter!*
Aanten in'n Diek (Dik),	*Enten am Deich,*
wat för'n Musik!	*was für eine Musik!*

Aap

Aus Husum und umliegenden Gemeinden kennt man diesen überraschten Ausruf: „Mann in de Tünn, dor full en Aap ut' Nest!" (da fiel ein Affe aus dem Nest). Häufig dann, wenn beim Kartenspiel eine schon vergessene Karte den Spielverlauf änderte. In Plön versteht man darunter „einen gehen lassen".

Ab und an

Diese Worte bedeuten „manchmal", „von Zeit zu Zeit", „hin und wieder". Ihren Ursprung hat die Redensart im plattdeutschen „af un an", „af un dann" oder „af un to" (ab und zu).

achter, achtern

Die plattdeutsche Sprache ist reich an kraftvollen Bildern. Im Laufe der Jahrhunderte konnte sie sich allerdings nicht gegen die hochdeutsche durchsetzen und verarmte zusehends. So bediente sie sich bildhafter Vergleiche.

„Du kannst dat dreihn as du wullt, de Steert is jümmers achtern." (Du kannst es drehen wie du willst, der Schwanz ist immer hinten.)

„De is achtern vun'n Wagen stött." (Der ist hinten vom Wagen gestoßen worden, ist einfältig.)

„He is achtern un vörn beslaan." (Er ist hinten und vorne beschlagen, ist in allen Sätteln gerecht, das heißt sehr clever.)

Achterdöör/Blangendöör

Früher durfte ein Verstorbener nur durch die Hintertür („Achterdöör"), und zwar mit den Füßen zuerst, hinausgetragen werden. Das geschah ausnahmsweise auch mal durch die Seitentür („Blangendöör"), niemals aber durch die Vordertür („Lohdöör").

Acker, sich vom Acker machen

In unserem überwiegend agrarisch strukturierten Land stoßen wir häufig auf Wendungen wie „Mach dich nicht immer vom Acker, wenn's brenzlig wird" oder „Mach dich vom Acker!" (Verschwinde!). Diese saloppe Sprache kennen wir auch von der ehemaligen grünen Umweltministerin Bärbel Höhn aus Düsseldorf. Im Tagesspiegel vom 25. September 1999 heißt es dort von ihr: „Wir dürfen uns nicht vom Acker machen, sondern müssen den Karren aus dem Dreck ziehen." Bärbel Höhn verbrachte ihre Jugend bis zum Abitur in Dithmarschen, umgeben von Ackerbau und Viehzucht.

af

So manche Ausdrücke mit der Vorsilbe „af" (ab) sind in die Jahre gekommen, dennoch zeigen sie uns den großen Reichtum der plattdeutschen Sprache. Hier sind einige davon:

„De hett so veel Geld, dor kann een sik de Benen in afbreken." (Der hat so viel Geld, darin kann man sich die Beine abbrechen.)

„He süht reinweg afkatert ut." (Er sieht reinweg abgekatert, heruntergekommen aus.)

„He süht so afslickt ut." (Er sieht so abgeleckt, eitel, aus.)

Afdanz

Anne M., eine aufmerksame Leserin des Buches „So spricht Schleswig-Holstein" aus Fockbek bei Rendsburg, schildert in lebendiger Weise, wie es in einer Tanzschule in den ersten Jahren nach dem Krieg auf dem Lande zuging: Alle Schulkinder wurden angemeldet, die Großen und die Kleinen. In dem Saal bei Gastwirt Hans Kröger lernten sie das Tanzen. Der Tanzlehrer kam mit dem Fahrrad aus dem Nachbardorf. Sein Name war Fritz Voigt, und die Geige seine Kapelle. Darum hieß er überall nur „Fritz Fiedel". Die Kinder saßen auf den langen Bänken, auf der einen Seite die Jungs, gegenüber die Mädchen. Mit viel Geduld hatte er ihnen das Wichtigste beigebracht: den Jungen, wie man sich vor der „Dame" verbeugt, den Mädchen den darauffolgenden artigen Knicks, wie man einander anfasst, sich dreht und schließlich wie man den Polka- und Walzerschritt sowie die Polonaise formvollendet ausführen kann. Der Höhepunkt war dann der Abtanzball (Afdanz), an dem sie zeigen mussten, was sie gelernt hatten. (Aus: Dor bin ick to Hus)

Alkoven

So hießen früher die Wandbetten, in denen man zumeist im Sitzen schlief. Der Begriff stammt aber nicht aus dem Plattdeutschen oder Friesischen, sondern aus dem Arabischen.

Das Bild zeigt den Alkoven im prächtigen Museum Altfriesisches Haus in Keitum auf Sylt.

allens all/alle sein

Manchmal ist „alles alle", etwa die Kartoffeln im Keller, der Kaffee, kurzum ein Teil des Vorrats in der Speisekammer, auch das Benzin im Auto. Es ist eben alles zur Neige gegangen. „Dat is nu allens all", sagen die Plattdeutschen bedauernd. Sie wundern sich immer wieder darüber, „dat de Dösbaddels nich all warrt" (dass die Dummen nicht „alle" werden).

angehen

„Das kann ja nicht angehen!" Hierbei handelt es sich um eine Redewendung, die mit leichter Empörung zum Ausdruck bringen will, dass etwas nicht richtig oder zulässig sein kann. Im Plattdeutschen heißt es: „Dat kann jo nich angahn!"

appeldwatsch

Dieses Doppelwort hat nun nichts mit Appel (Apfel) zu tun. Es setzt sich vielmehr aus den beiden synonymen Adjektiven „abelsch" und „dwatsch" (jeweils albern) zusammen. Wenn jemand „nicht so'n appeldwatschen Kram" schnacken soll, meint man, dass er nicht so närrisch, verrückt, wunderlich oder seltsam daherreden möge.

B

Back, an de Back hem

„Ein Unglück kommt selten allein", heißt es im Volksmund. Wie wahr. Nach dem Tod seiner Frau gaben sich bei dem Witwer die Schuldner die Klinke in die Hand. „Nu heff ik ok dat noch an'e Back!" (Nun habe ich auch das noch an der Backe), stöhnte er, und dabei liefen ihm die Tränen über die Wangen.

Von sehr mageren Menschen sagt man, bisweilen abschätzig: „De kannst dat Vaderunser dörch de Backen blasen." (Dem kannst du das Vaterunser durch die Backen blasen.) „De hett anschienend nich noog Swiensback to den Gröönkohl kregen." (Er hat anscheinend nicht genug Schweinebacke zum Grünkohl bekommen.)

Bagaluten

Dies seien, scherzhaft gemeint, böse Jungs, Schlawiner, Lumpen oder Spitzbuben, sagt man u. a. in Husum. Das Wort stammt vermutlich aus der englischen Seemannssprache – „bag o' loot" (Beutel voller Diebesgut). Es gibt aber auch den Ausdruck „bag o' louts" (ein Beutel voller Lümmel, Rüpel, Flegel) als etymologische Wurzel.

bang

Wenn Karls Cousine krank war, pflegte sie oft mit verschmitztem Lächeln zu sagen: „Ik bün bang, ik kaam mi wedder." (Ich fürchte, ich erhole mich wieder.) Das „ich fürchte" war im Sinne von „ich gehe davon aus", gemeint. „Bang ween" heißt bange, ängstlich, besorgt, auch scheu sein wie in den folgenden Redewendungen: „He is bang vör Fruunslüüd" (Er fürchtet sich vor Frauen), „is mennigmol ok bang vör de Arbeit" (ist arbeitsscheu). Anschaulich ist auch diese Wendung: „He is bang, dat sien Luus de Snööv kriggt." (Er befürchtet, dass seine Laus den Schnupfen kriegt.) Gemeint ist

damit ein Stubenhocker. Bekannt ist auch dieser Ausspruch: „Bang bün ik nich, aver lopen kann ik fix."
(Angst habe ich nicht, aber laufen kann ich fix.)

Bangbüx

Der Ausdruck bezeichnet einen Feigling, der „die Hosen
gestrichen voll hat". „De Büx slurrt em vör Angst un
Bang üm de Benen." (Die Hose schlottert ihm vor Angst
um die Beine.)

bang vör de Arbeit

Es soll Menschen geben, die ständig auf der Flucht vor
der Arbeit sind. Man könnte sie arbeitsscheu nennen. Im
Plattdeutschen kennen wir hierfür folgende Redewendungen:
„He hett de Arbeit nich erfunnen, is bang vör de Arbeit,
sweet bi't Eten un freert bi de Arbeit, ritt sik keen Been
ut, kann den egen Sweet nich rüken." (Er hat die Arbeit
nicht erfunden, ist bange vor der Arbeit, schwitzt beim
Essen und friert bei der Arbeit, reißt sich kein Bein aus,
kann den eigenen Schweiß nicht riechen.)
Sogar große Philosophen haben sich tiefgründig mit diesem Phänomen auseinandergesetzt. Bei dem römischen
Philosophen und Staatsmann Cicero 106–43 v. Chr.
heißt es, Faulheit sei die Angst vor der künftigen Arbeit.
Und der große Philosoph Immanuel Kant aus Königs-
berg (1724–1804) meint, Faulheit sei der Hang zur
Ruhe, ohne dass Arbeit vorweggehen müsse.

basch

Peter St. aus Itzehoe weiß noch, dass seine Großmutter
seine Mutter an Sonn- und Feiertagen aufgefordert
hatte, sie solle sich „basch" anziehen. Gemeint war
damit: Sie solle ihr bestes Kleid tragen, denn „en basche

Deern" war zu der Zeit ein „Prachtmädel". Das Adjektiv „basch" bedeutete ursprünglich „scharf" und wurde in Verbindung mit Gewürzen („scharpe Peper" – scharfer Pfeffer) verwendet. Das hatte die Großmutter mit ihrer Aufforderung sicherlich nicht gemeint.

Begööschen

Nach einem unglücklich verlorenen sportlichen Wettkampf suchen die Spieler aufgeregt die Schuld beim jeweils anderen. Da ist es hilfreich, wenn der Trainer sich bemüht, die Gemüter durch gütliches Zureden zu beschwichtigen. Dann „begööscht" er sie.

beer, ik beer as ...

Im Steinburgischen Kellinghusen hat man einen beinahe schon vergessenen Begriff wiederentdeckt. Wenn jemand so tut als ob (wenn), einen anderen zu täuschen oder zu blenden versucht, heißt es dort: „He beert as ob." (Er gebärdet sich als ob.) Das Nomen Beer (Bier) gibt es in unzähligen Sprechvarianten. Eine davon lautet: „Kiek recht to, Schuum is keen Beer." (Sieh mal genau hin, Schaum ist kein Bier.) Damit soll ausgedrückt werden: „Sieh dich vor, der Schein trügt."

bei, beigehen, da geh ich nich bei u. a.

Einem aus dem süddeutschen Sprachraum nach Schleswig verschlagenen Arzt haben es u. a. diese schleswig-holsteinischen Redewendungen angetan:

„Soll'n wir noch ein' haben?" (Wollen wir noch einen Korn trinken?)

„Ich soll ja nich." (Ich darf nicht – soll für darf.)

„Das bringt nichts und laufen so rum – da kommt nix bei raus." (Es ist sinnlos, so herumzulaufen – dabei kommt nichts raus.)

„Da geh ich nich bei." (Das versuche ich gar nicht.)

„Da bleib man schön bei." (Mach weiter so.)

„Ich soll nach'm Dokter hin." (Ich soll zum Arzt – soll für muss.)

Was fehlt Ihnen? – „Herr Doktor, ich bin so schlecht." (Es geht mir so schlecht.)

So manches Beispiel erinnert an die dänische Syntax (Satzbau), die sich aus dem jahrhundertelangen Zusammenleben im deutsch-dänischen Grenzgebiet in die deutsche Sprache eingenistet hat.

beluern

Wenn jemandem etwas noch nicht ganz klar ist, „mutt he sik dat eersmol en beten beluern" (belauern, ein wenig darüber nachdenken). In vielen Landesteilen bedeutet dieses Verb auch belauschen, beobachten und überraschen.

Berufsbezeichnungen, einige plattdeutsche

Auch wenn althergebrachte Berufsbezeichnungen in unserer modernen Welt oftmals weichen mussten, weil sich die Anforderungen an einzelne Berufszweige zum Teil dramatisch verändert haben – so wurde aus „Autoschlosser" zunächst der „Kfz-Mechaniker", schließlich der „Mechatroniker" – sind doch viele alte Begriffe geblieben. Im Folgenden sind einige von ihnen in hoch- und plattdeutscher Schreibweise aufgeführt:

Apotheker(in):	Aptheker(sch), in MV: Apteiker
Bauer:	Buer, Buersfru
Dachdecker:	Dackdecker, in MV auch Dackflicker
Elektriker:	Strippentrecker
Frisör:	Putzbüdel, in MV auch Bortputzer
Lehrer(in):	Schoolmeister(sch)
Postbote:	Postbüdel

Pastor(in):	Paster(sch), Preester(sch)
Schornsteinfeger:	Schosteenfeger,
	in Hamburg auch Sottje
Tischler:	Discher, auch Holtworm
Zahnarzt:	Teendokter,
	in MV auch Kusenklempner

beschickt, nix

Irma G., aufgewachsen in Osterby, zwischen den Hüttener Bergen und Eckernförde, verdiente sich ihr Taschengeld bei den Bauern mit Kartoffelsammeln. Dabei wurden sie und ihre Mithelfer oft mit den Worten „manto, manto, bums is dat düüster un nix beschickt" (Manzu (Beeilt euch), gleich ist es dunkel und ihr habt noch nichts geschafft, beschickt) angetrieben.

Besöök un Fisch

Nicht jeder Besuch ist ein angenehmer, besonders dann nicht, wenn er sich über mehrere Tage hin erstreckt. Dann gibt es schon mal den folgenden Ausspruch: „Besöök un Fisch dörft nich öller as dree Daag ween, denn fangt se an to stinken." (Besuch und Fisch dürfen nicht älter als drei Tage sein, dann fangen sie an zu stinken.) Wir sehen, die plattdeutsche Sprache kann nicht nur anschaulich sein, sondern, wie in diesem Falle, auch sehr drastisch.

Bessen, en Bessen freten (einen Besen fressen)

Sowohl im Hochdeutschen als auch im Plattdeutschen frisst (fritt) man einen Besen (en Bessen), wenn man etwas in Zweifel ziehen oder beteuern will. Ist man felsenfest davon überzeugt, dass eine Sache gelingen wird, heißt es: „Ik freet en Bessen, wenn dat nich lücken warrt." (Ich fresse einen Besen, wenn das nichts wird.)

Woher diese Redewendung stammt, ist nicht belegt. Eine Erklärung liegt darin, dass der Besen als unrein und unappetitlich gilt. Eine andere: Im Deutschen wird „Besen" seit dem 16. Jahrhundert auch übertragen und abwertend u. a. für eine boshafte, zänkische Frau gebraucht: „Dat is en ole Bessen." (Das ist ein alter Besen.)

Bett, to Bett nehmen

In erregungsstarken und zugleich orientierungsarmen Zeiten suchen Menschen Halt, Geborgenheit, Wegweiser. Einer dieser „Wiespahls" lautet: „En schall de Welt nich mit to Bett nehmen." (Man soll die Probleme der Welt nicht mit ins Bett nehmen.) Diese positiv-pragmatische Weltsicht sei zur Nachahmung empfohlen.

Biikebrennen

Das Wort „Biike" stammt aus dem Friesischen und heißt auf Hochdeutsch „Bake" (Feuerzeichen). Das Biikebrennen ist in Nordfriesland ein traditionelles Volks-

Das Biikebrennen am 21. Februar jeden Jahres –
ein touristischer Magnet auf Inseln und Festland

fest, das am 21. Februar gefeiert wird. Das Fest hat seinen Ursprung wahrscheinlich in heidnischer Zeit und sollte die bösen Geister vertreiben. Auf den Inseln diente das Biikefeuer später zur Verabschiedung der Walfänger.

bimsen/einbimsen

Das Verb „bimsen" kommt aus der Maler- und Tapezierersprache und bedeutet „glätten". Das tat man im übertragenen Sinne mit den Soldaten, denen man militärischen Schliff (Drill) beispielsweise bei der Ausbildung von Rekruten „einbimste": „Wi sünd orrig bimst worrn bi'n Kommiss." (Wir sind ordentlich geschliffen worden beim Militär.)

Birnen – Bohnen – Speck

Im Band „So spricht Schleswig-Holstein" wird kurz auf dieses schmackhafte, einheimische Gericht hingewiesen. Hier ist nun das dazugehörige, detaillierte Rezept:

Birnen, Bohnen, Speck: einfach und lecker

Man nimmt 500 g durchwachsenen Speck,
eventuell ein dickes Schinkenende,
1000 g frische Brechbohnen,
1000 g kleine Kochbirnen, Salz, Pfeffer,
Bohnenkraut, Petersilie.

Das Fleisch wird kleingeschnitten, mit wenig Wasser aufgesetzt und bei kleiner Flamme etwa eine Stunde gegart. Dann gibt man die Gewürze und die Bohnen dazu und lässt sie bei leisem Köcheln gar werden. Die Blüten werden entfernt, die Birnen nebeneinander oben auf die Bohnen gesetzt. Das Ganze lässt man dann bei mittlerer Hitze ziehen, bis die Birnen gar sind. Dann schmeckt man noch einmal mit Salz ab, schneidet das Fleisch mundgerecht in Stücke, legt es unter die Bohnen und die Birnen rundherum. Dazu werden Kartoffeln gereicht. Vor dem Servieren gibt man reichlich frisch gehackte Petersilie über den Eintopf.

blaffen, anblaffen

„Blaff mi nich so an!", rief die Ehefrau Richtung Ehemann. Sie meinte damit, dass er sie nicht wie ein Köter anbellen, ankläffen sollte.

Blanker Hans

Blanker Hans heißt etwa „ärmlicher Geselle". So wurde die stürmische Nordsee verhöhnt, zum Beispiel in dem Ausruf „Trutz, blanke Hans", der durch die Ballade von Detlev von Lilierncron bekannt geworden ist.

blarren

Die kleine Ellen hatte „nahe am Wasser gebaut". Bei der geringsten Kleinigkeit fing sie an zu plärren. „Man, Deern, laat dat Blarren" (Kind, hör endlich mit dem

25

Plärren (Weinen) auf), rief Mutter dann ärgerlich. Weinerliche Kinder waren schnell als „Blarrbüdel, Blarrkalf, Blarrkatt, Blarrkater, Blarrputt un Blarrtrien" abgestempelt.

blatschen

In Dithmarschen und im angrenzenden Kreis Steinburg kennt man den Spruch: „Wi warrt dat woll blatschen", wenn eine besonders schwierige Aufgabe zu meistern ist. Kanzlerin Angela Merkel muss sich noch heute für den Satz „Wir schaffen das" (wi warrt dat blatschen) angesichts des großen Flüchtlingsstroms im Jahr 2015 rechtfertigen (Barack Obama: „Yes, we can"). „Blatschen" bedeutete ursprünglich „mit der Peitsche knallen". Dieses Verb ist vom Nomen „Blatsche" (das dünne Ende der Peitsche) abgeleitet worden. In manchen Landesteilen wird auch synonym das Verb „humstern" verwendet.

Bleier

Vom Boßeln ist dieser Ausruf bekannt: „He hett en Bleier smeten" (hat einen Fehlwurf gemacht). Einen „Bleier" nannte man früher auch einen Menschen, der nichts wert war.

Bless

Wenn Schulkinder sich früher auf den Schulhöfen stritten, gab es ab und zu diese Drohgebärde: „Wenn du nich foorts de Klapp höllst, kriggst en vör'n Bless, Blesskopp." (Wenn du nicht gleich die Klappe hälst, kriegst du was an die Blesse, du Blesskopf.) „Bless" wurde der weiße Streifen an der Stirn der Pferde und Kühe genannt. „Keen Koh heet Bless, wenn se nich wat Wittes vör'n Kopp hett" (Keine Kuh heißt Bless, wenn sie nicht etwas Weißes am Kopf hat) war ein geflügeltes Wort, wenn gemeint war, dass an einer Sache schon was dran sein würde. „Blessduker" heißt auf Eiderstedt ein schwarzes Wasserhuhn mit weißem Fleck über dem Schnabel („-duker" = -taucher), allgemein bekannt als Blesshuhn oder Blessralle.

Bloomputt, keen

Wenn ein Arbeitnehmer seinem Chef einen unausgegorenen Verbesserungsvorschlag für effizientere Arbeitsabläufe im Betrieb unterbreitet, bekommt er sicherlich zu hören: „Bester Mann, damit können Sie bei mir keinen Blumentopf gewinnen!" Im Plattdeutschen, oftmals viel direkter, heißt es dann: „Steek di dat man an'n Hoot, dor kannst bi mi keen Bloomputt mit winnen." (Steck dir das man an'n Hut, damit kannst du bei mir keinen Blumentopf gewinnen.) Auch hier ist der Ursprung nicht belegt. Vermutlich ist der Blumentopf gemeint, den man früher an den Schießbuden auf den Jahrmärkten nach jämmerlichen Treffversuchen als Trostpreis erhielt.

Bööm, ole

So manche Lebensweisheit hat Generationen von Familien bis auf den heutigen Tag begleitet, so auch diese: „Wenn ole Bööm umplant warrt, gaht se in." (Wenn alte Bäume umgepflanzt werden, gehen sie ein.) Auf den Menschen bezogen, heißt das: Man sollte alte Menschen nicht aus ihrer gewohnten Umgebung herausreißen.

Auch im Wattenmeer kann man sich nasse Füße holen.

bormen

Wenn die Wege nass und aufgeweicht waren, sagte man früher: „Dor kannst du nich bormen." (Da kannst du nicht trockenen Fußes durchkommen.) Das Verb „bormen" (gründen, den Grund erreichen) findet man vereinzelt heute nur noch in Flensburg und Angeln. Gelegentlich finden wir auch die Wendung „dat bormt nich", wenn man ausdrücken will, dass etwas nicht zu schaffen ist.

Boßeln

Das ist eine Mannschaftssportart, die vor allem bei starkem Frost in den Elbmarschen, in Dithmarschen, auf Eiderstedt und Pellworm sowie in den an die Marschen angrenzenden Geestgebieten ausgeübt wird. Eine Boßel ist eine mit Blei ausgegossene Holzkugel, die mit möglichst wenigen Würfen über eine möglichst weite Strecke vorangetrieben werden soll.

Das Boßeln – ein traditioneller Volkssport an der Westküste

Brass

„Ik bün in de Brass." (Ich bin in Brass.) Darunter versteht man, dass jemand fürchterlich verärgert ist, „in de Brass is". Der Ursprung ist im plattdeutschen Nomen „Brasch" = lautes Gerede zu suchen.

bräsig

Bisweilen begegnen uns Menschen, die wohlgenährt, selbstbewusst und oft selbstgefällig und laut daherkommen, also bräsig. Schnell werden wir an Fritz Reuters „Entspekter Bräsig" erinnert und fragen uns, woher dieses Adjektiv stammt. Fritz Reuter aus Stavenhagen in Mecklenburg zählte im 19. Jahrhundert zu den großen niederdeutschen Schriftstellern. Im Roman „Ut mine Stromtid" verewigte er die Gestalt des Entspekters (Onkels) Bräsig. Das Adjektiv „bräsig" hat sich im Laufe von zwei Jahrtausenden aus einem der ältesten Wortstämme „brassen" zum hochdeutschen „prassen" (schmausen) entwickelt, aus dem Adjektiv „brasig" wurde dann „bräsig". Im Mittelniederdeutschen finden wir das Nomen „Bras" – „Lärm" und verbinden damit die bekannte niederdeutsche Redewendung: „He keem gehörig in Brass." (Er wurde ganz schön laut.)

breed slaan

Wenn sich jemand trotz starker beruflicher Belastung breitschlagen lässt, für ein wichtiges kommunales Amt zu kandidieren, heißt es im Plattdeutschen: „He hett sik breed slaan laten." Gemeint ist, dass auf ihn ein starker Druck ausgeübt worden ist, was die Metapher von „breit schlagen" versinnbildlichen soll.

bregenklöterig

Bregen heißt im Plattdeutschen das Gehirn. Wenn jemand bregenklöterig ist, ist er benommen im Kopf, verwirrt, durcheinander.

Bricken

Wurde in einer Familie im nördichen Teil unseres Landes beim täglichen Abendbrot nach einem Brotbrett gefragt, hieß es dann: „Ach, sie so nett un geev mi de Bricken röver." (Ach, sei so nett und gib mir den Teller rüber.) „Bricken" nannte und nennt man auch heute die flachen, runden Holzscheiben. Das können Holzteller zum Zerschneiden fester Nahrung, aber auch Brettsteine beim Brettspiel oder Untersätze für Biergläser (Bierbricken) sein.

-büdels

Im Plattdeutschen wird einem vorangehenden Nomen häufig ein „-büdel" angehängt, manchmal in abfälliger, manchmal in scherzhafter Weise. So gibt es den „Braschbüdel" (Angeber), den „Dröömbüdel" (Träumer), den „Lögenbüdel" (Schwindler, Lügner), den „Pütjerbüdel" (Pedant), den „Quarkbüdel" (Nörgler), den Schietbüdel (Scheißerchen) und am Ende den „Hoorbüdel" (Kater).

-büll

Urlauber im nördlichen und nordwestlichen Schleswig-Holstein wundern sich häufig über die Vielzahl von Ortsnamen, die auf -büll enden. Es sollen an die 150 sein. Die bekanntesten sind Dagebüll (Fähranleger zu den Inseln Föhr und Amrum), Seebüll (Nolde Museum) und Niebüll, ehemalige Kreisstadt in Südtondern, dem nördlichen Teil des Kreises Nordfriesland. Einige weitere seien zur Vervollständigung genannt: Klanxbüll, Klixbüll, Poppenbüll, Tetenbüll, Maasbüll, Kotzenbüll, Bosbüll, Büttjebüll, Sprakebüll, Ülvesbüll, Wallsbüll und Wobberbüll. Die Endung dieser Ortsnamen bedeuten nichts anderes als Wohnen oder Siedlung (Niebüll = neue Siedlung). Ähnliche Endungen gibt es auch im Dänischen (-bo) und im Isländischen (-byli).

Büxen/Büx

Peter S. von der schönen Insel Sylt hat es mit den „Büxen" (Hosen). Ein „Bangbüx" ist ein Angsthase, wenn „een nich in de Büx kummt", kommt er nicht in Schwung, in Gang, „mutt he mol ut'e Büx", muss er eben mal „austreten", „hett he de Büxen vull", hat er nicht nur in die Hosen gemacht, nein, er ist von Angst und Sorgen geplagt. Und wenn er am Ende „utbüxt is", ist er ausgerissen, vielleicht vor seiner Ehefrau, die immer „de Büxen anhett" (das Sagen hat). „Ik krieg di bi de Büx" oder „Ik heff di bi de Büx", das sagen die Plattdeutschen, wenn sie jemanden bei einer Lüge oder Unwahrheit ertappen.

da nicht für/dafür nicht

Das ist eine hochdeutsche Redensart, die aus dem landläufigen plattdeutschen Spruch „Dor nich för" abgeleitet wurde. „Da nicht für" oder „Dor nich för" meint, dass eine besondere Leistung (Hilfe oder Handlung) selbstverständlich ist und es keines besonderen Dankes bedarf.

Damm, op'n Damm

Wenn sich Menschen in Schleswig-Holstein begegnen, fragt man einander häufig, wie es einem denn so gehe, und erhält nicht selten die Antwort: „Ach, fraag nich, ik bün nich goot op'n Damm." (Ach, frag nicht, ich bin nicht gut auf dem Damm, es geht mir nicht gut.)

Danz op de Deel

Wer auf dem Lande gelebt hat und schon älteren Datums ist, erinnert sich sicherlich noch gern an die Dorffeste, verbunden mit den üblichen Tanzvergnügungen. Jung und Alt trafen sich an Wochenenden in den Dorfgaststätten (Kröög) bei ausgelassenen, regionaltypischen Tänzen. Im Sommer wurde auch schon mal draußen auf rasch gezimmerten Holzdielen mit dazugehörigen Bühnen das Tanzbein geschwungen. Musik wurde häufig von wandernden Musikanten gegen geringes Entgelt dargeboten. „Danz op de Deel" ist heute ein vom Tourismus kommerziell besetzter Begriff.

Das tut nicht nötig

Diese hochdeutsche Redensart ist abgeleitet von dem plattdeutschen „Dat deit nich nödig" oder „Dat harr nich nödig daan". Diese Redensarten bezeichnen einen sympathischen, bescheidenen Wesenszug des Schleswig-Holsteiners.

D

Dat schall man so

Ein selbstständiger Dachdeckermeister von der Insel
Sylt ist immer froh, wenn er während eines arbeitsrei-
chen Tages feststellen kann, dass auf dem Bau alles so
läuft, wie es laufen soll. „Dat schall man so", sagt er
dann zu seinen Lehrlingen und Gesellen. Das heißt so
viel wie: „Es läuft alles so, wie es laufen soll."

Dau un Daak, vör

Die Einbrecher waren „vör Dau un Daak" gekommen
(vor Tau und Nebel), erzählte der Großvater aufgeregt
den herbeigerufenen Polizisten. Wenn es „daakt" (ne-
belt), steigt der Nebel auf und fällt dann tropfenweise
auf die Erde nieder. „‚Dat is so dakig vundag, man kann
keen teihn Schreed wiet kieken‘, sä de Buer un lä sik
wedder dal to'n Slapen." („Das ist so neblig heute, man
kann keine zehn Schritte weit sehen", sagte der Bauer
und legte sich wieder zum Schlafen hin.)

de een – de anner

Immer wieder verwirrt es eine von der Oder stammende
Ehefrau eines plattschnackenden Schleswig-Holsteiners
aus Bargteheide, wenn in Redensarten und Witzen
immer nur von „de anner" die Rede ist, obwohl dann
eigentlich, nach ihrem Sprachverständnis, „de een"
dazu gehören müsste.
Beispiel: „‚Versupen will ik dat, man nich op disse Aart‘,
sä de anner, as sien Geld in't Fleet fullen weer." („Ver-
saufen will ich es wohl, aber nicht auf diese Art", sagte
der andere, als sein Geld ins Wasser gefallen war.) Ihr
fehlt bei diesem Beispiel „de een" (der Eine).

Ein hübscher Zungenbrecher aus Itzehoe:

Dor weer mal'n dicke Deern,
de draag de dünne Deern
dörch den dicken Dreck.
Do dank de dünne Deern
de dicke Deern,
dat de dicke Deern
de dünne Deern
dörch den dicken Dreck dragen harr.

Da war mal eine dicke Deern,
die trug die dünne Deern
durch den dicken Dreck.
Da dankte die dünne Deern
der dicken Deern,
dass die dicke Deern
die dünne Deern
durch den dicken Dreck getragen hat.

dibbern

„Nu dibber doch nich so rum, Deern", rief Vater, wenn Mutter ihm in finanziellen Dingen leichtsinniges Verhalten vorwarf. Das Wortpaar „dibbern un quesen" bedeutet in der Verstärkung „nörgeln".

Dickenissenstangen

In und rund um Flensburg waren früher Marzipanstangen mit dunklem Schokoladenüberzug und weißer Spitze heißbegehrte Leckereien. Der Volksmund hatte dafür schnell einen Namen: Dickenissenstangen, nach der Tracht der Diakonissen benannt. Im Plattdeutschen werden gern Silben verschluckt, so auch in diesem Fall.

Ditten

Ditten wurden auf den Halligen als Brenn- und Heiz-material benutzt. Man gewann sie aus Rinderdung, der zum Trocknen auf der Böschung der Warft ausgebreitet und, flach geklopft, sodann in kleine Platten gestochen wurde. Ganz durchgetrocknet, waren die Ditten völlig geruchlos und konnten auf dem Dachboden gelagert werden.

döcht nix – taugt nichts

Manchmal wird über einen Mann mit O-Beinen schon mal abfällig gesagt: „He döcht nich mol to'n Swiens-höden". (Der taugt nicht einmal zum Schweinehüten.) Gemeint ist damit, dass ihm die Schweine gar zu schnell durch die Beine witschen können.

Dösbaddel

Mit Dösbaddel meint man einen Dummkopf, mögli-cherweise einen Einfaltspinsel.

Drach(t)band(sches)

Der Wirt Hein Kröger war im Dorf eine anerkannte Re-spektsperson, allein schon wegen seiner Körperfülle. Wenn seine Gäste im „dunen" (betrunkenen) Zustand anfingen zu randalieren, ließ er seine „Drachtband-sches" (Hosenträger) dreimal laut auf seinen gewölbten Leib klatschen. Dann verstummte auch der Lauteste. Worte brauchte er nicht mehr. Seinen Ökel-Nökel-namen (Spitznamen) „Hein Klatsch" kannte man bis weit über die Dorfgrenze hinaus. Das Kompositum „Drach(t)band" bezeichnet ein Band, das die Hose hält, trägt.

drall

Das Adjektiv „drall" bedeutet zunächst „wohlgedreht".
Damit war ursprünglich ein „dralles" Tau, ein hart ge-
drehtes Seil, gemeint. Sehr schnell wurde es auf das
weibliche Geschlecht übertragen, etwa in der Redewendung „Dat is di mol en dralle Deern" (Welch ein stram-
mes Mädchen). Alliterierend (stabreimend) und
lautmalend sind die folgenden Wortpaare „krall und
drall" (frisch, gesund und stramm), „dick un drall"
(dick und stramm) auf junge Mädchen und Frauen ge-
münzt.

Drift

Dieses Nomen leitet sich vom Verb „drieven" (treiben)
ab. Ist jemand fleißig, „sitt (sitzt) dor Drift in". Sagt er
etwas mit Nachdruck, „is dor Drift in, wat he seggt".
Von Driften spricht man auch im Zusammenhang mit
„Viehdriften", Flurnamen, Feldwegen und Durchfahr-
ten.

Dröhnbüdel

So nennt man eine Schlafmütze, einen Langweiler. Gemeint ist damit jemand, der dröhnig ist, manchmal auch
drömelig (unaufmerksam).

Druuv(f)appel

„Na, du mien lütt Druuv(f)appel?" Dieses Kosewort für
Kinder (s. Kosenamen) kennt Elisabeth G. aus Krumm-
see aus ihrer Kieler Kindheit. Es besteht aus dem
Nomen „Druuv(f)" (Traube) und „Appel" (Apfel) und
bezeichnet ein treuherziges, gutmütiges Kind.

Düvel ok

In unzähligen Redewendungen hat häufig der Teufel seine Hand im Spiel.

„„Düvel ok, ik heff doch seggt, dat ik nich stöört warrn will!', reep de Paster un verstaak de Wienbuddel gau ünner sien Talar." („Teufel auch, ich habe doch gesagt, dass ich nicht gestört werden will!", rief der Pastor und versteckte die Weinflasche schnell unter seinem Talar). Der Ausruf „Düvel ok!" ist Ausdruck von Erstaunen, Verwunderung und Verärgerung.

dwallerwatsch

Kommt jemand „dwallerwatsch" daher oder ist er einfach „dwallerwatsch", ist er wunderlich oder einfach albern. Dieses Adjektiv/Adverb setzt sich zusammen aus dem Verb „dwallern" (übermütig spielen, tollen) und „dwatsch" (verrückt, wunderlich). Ein übermütiger, alberner Mensch ist danach ein „Dwallerhans", „Dwallerbüx", „Dwallerjahn" oder eine „Dwallerliese".

Eddelsüper

Eddel, auch Addel, ist „flüssiger Mist", allgemein bekannt als Jauche oder Gülle, die vor allem im Frühjahr
zur Düngung auf die Felder ausgebracht wird. Das führt
häufig zur Überdüngung und damit zur Verunreinigung
des Grundwassers als Folge einer zu starken Nitratkon-
zentration.

Für ein Ferkel, das beim Wurf zurückgeblieben ist,
kennt man den Spruch: „Dat is en Eddelsüper" (Jauche-
trinker). Übertragen wurde diese abfällige Bezeichnung
gelegentlich auch auf kleine, schmächtige Menschen.

Eenspänner (Einspänner)

Als „Eenspänner" (Einspänner) bezeichnete man früher,
vor allem in Dithmarschen, die einzige Tochter in einer
Familie, seltener den Sohn, weil man davon ausging,
dass die Tochter schwerer als der Sohn „unter die
Haube" zu bringen wäre. Auch Junggesellen galten als
„Einspänner". Das Bild vom „Einspänner" geht auf
eine vierrädrige Karre (Kutsche) mit einem vorgespann-
ten Pferd zurück.

Faden verloren

Zwei Tage vor Urlaubsantritt. Die Ehefrau schickt ihren Mann noch schnell in die Stadt, um Schnürbänder (Snöörbannen) zu besorgen. „Wat för'n Farv?" (welche Farbe), fragt er beim Hinausgehen. „Anthrazit", ruft sie ihm hinterher. Im Schuhgeschäft erzählt der Ehemann voll freudiger Erwartung von dem bevorstehenden Urlaub in den Dolomiten. Da er zu weit und lang ausholt, unterbricht ihn die Verkäuferin freundlich mit den Worten: „Und womit kann ich Ihnen dienen?" Der Erzählfluss des Mannes wird jäh unterbrochen, er stammelt und ringt nach Worten. „Oh Mann, ik … ik … ik heff den Faden verloren, wat … wat schull ik denn (was sollte ich denn …)?" Gottlob hat er das Handy dabei.

Fastnachtskniep

Aus der Nähe von Kappeln kommt dieser Begriff. Der Organist Rasmussen aus Sterup sagte immer, wenn er vom Wetter schwärmte: „Oh, was haben wir heute für schönes Wetter." Darauf folgte auf dem Fuße: „Freu di man nich to fröh, eerst kummt noch de Fastnachtskniep." Damit war der kneifende („kniepen" = kneifen) Frost im Fastnachtsmonat Februar gemeint.

Feddern laten

Ist jemand bei sportlichen Wettkämpfen oder während wirtschaftlicher Verhandlungen gehörig ins Hintertreffen geraten, hat u. a. kräftige Einbußen hinnehmen müssen, „hett he Feddern laten möten" (hat er Federn lassen müssen), steht danach „wie eine gerupfte Weihnachtsgans" da. Anders ist es, „wenn em de Feddern stekt" (wenn ihn die Federn stechen), dann geht es dem Betroffenen offenbar zu gut, dann ist er ausgelassen und übermütig.

Das „Fedderballspeel" kennen wir heute als Badminton (olympische Disziplin), die Wendung „Ik gah nu to Fedderball" hat damit aber nicht im Entferntesten etwas zu tun. Gemeint ist „Ich gehe nun schlafen" (ins Bett, „to Puuch"). Ein wunderschönes Sprachbild finden wir in der Formulierung „De Engels plückt Feddern" (Die Engel pflücken Federn), wenn Mutter uns morgens sagen wollte, dass es schneien würde. Schließlich: Im Mathematikunterricht wurde gern die folgende Frage (als Rätsel) gestellt: „Was wiegt mehr: hundert Pfund Federn oder hundert Pfund Kartoffeln?" Die Antwort ist doch „fedderlicht" (federleicht).

fellt af

Wenn jemand einen Sonnenbrand hat, sagen wir gern: „Se hett de Sünn in't Fell." (Sie hat die Sonne im Fell, auf der Haut.) War die Strahlung besonders heftig, heißt es: „Se fellt af." (Sie pellt ab.)

Feudel

Ingrid H. aus Barmstedt schreibt uns: „Ich habe ins Rheinland geheiratet und wollte eines Tages einen Schrubber und einen Feudel kaufen. Feudel, diese Marke würden sie hier nicht führen, wurde mir gesagt. Als ich das abends meinem Mann erzählte, lachte der und meinte, hier würde man dazu Aufnehmer sagen." Mit Feudel wird ein Scheuerlappen aus grobem Tuch bezeichnet. Das Nomen geht auf das mittelniederdeutsche „veile, vele" zurück, was sowohl „Schleier" als auch „grobes Gewand" bedeutet.

In Hamburg oder Umgebung soll es eine Straße geben mit Namen „Fieflampenröhr". Übersetzt ins Hochdeutsche heißt das: Fünflampenröhre. Das ergibt aber keinen Sinn. Die Auflösung könnte ein Blick zurück in die Franzosenzeit während der Kontinentalsperre (1806– 1813) bringen, als u. a. auch Hamburg von Soldaten Kaiser Napoleons I. besetzt war. Mit der Ehrenbezeugung „Vive l'empereur" (es lebe der Kaiser), die man Napoleon entgegenbrachte (phonetisch „wieflamperör), kommt man der Erklärung nahe. Verbürgt ist sie aber nicht.

Anlässlich der Kontinentalsperre von Napoléon I. in Hamburg beobachten die französischen Soldaten das Verbrennen englischer Waren im Herbst 1810. Aquarell von Peter Suhr.

figgerig

Das Adjektiv „figgerig" ist abgeleitet vom plattdeutschen Nomen „Ficker" oder „Figger", Kosename für Ferkel, die sich aufgeregt (hibbelig, figgerig) über die Zitzen der Sauen beim Säugen hermachen.

Fisematenten

„Maak man keen Fisematenten." (Mach mal keine Dummheiten.) Zur Entstehung dieses Wortes gibt es unzählige Versionen, die allerdings ungeklärt geblieben sind.

Fietenfleut

Karin Lamb aus dem ostholsteinischen Malente kennt folgende Redewendung: „Dat is recht so'n Fietenfleut." Gemeint ist damit jemand, auf den man aufpassen muss. Möglicherweise ist er ein faules Schlitzohr. „Fieten" ist die abfällige Bezeichnung für einen Taugenichts, -fleut steht für „Flöte", auch für „Pfeife" („so'n Fleut").

Finger, bolle

Bei ihnen unangenehmen Tätigkeiten flüchteten Einheimische in die Ausrede: „Dat geiht nu nich, ik heff en bolle Finger." (Das geht nun nicht, ich habe einen eitrigen Finger.) Die Nähe zum dänischen „bulne" (eitrig, sich entzünden) ist offensichtlich.

Flasskopp

Flasskopp (Flachskopf) ist die Bezeichnung für einen Menschen mit hellblonden Haaren. Flachs gehört zur Gattung der Leingewächse. Die Bast- oder Flachsfasern wurden und werden zur Herstellung von Textilien, der ölhaltige Samen vor allem zur Lackgewinnung verwendet. Der Anbau des Flachses hat zum Ende des 19. Jahrhunderts in Schleswig-Holstein beinahe ganz aufgehört. Im Gedicht „Annamedder" des niederdeutschen Dichters Klaus Groth (1819–1899) werden wir noch einmal daran erinnert. Die erste Strophe lautet:

Ei, du lüttje Flasskopp,
ik freet di vör Leev op.
Wat hest du för'n Pusbacken
noch söter as Tweebacken.
Ei, du …

Ei, du kleiner Flachskopf,
ich fresse dich vor Liebe auf.
Was hast du für Pausbacken
noch süßer als Zwieback.
Ei, du …

Flensburger Deerns

In der nördlichsten aller deutschen Städte, der Grenz-
stadt Flensburg, soll es, einem Anekdotenbuch zufolge,
ganz besondere Mädchen (Deerns) geben. Ein Satz dar-
aus lautet: „Flensburger Deerns hem (hebbt) en Bazillus
mehr." Gemeint ist: „Wir Flensburger Mädchen sind
eben einen Schlag besser." Was wohl die Kieler oder
Hamburger Mädchen dazu sagen, denn schließlich sind
sie keineswegs „flusige Deerns" (flatterhafte und ober-
flächliche) Mädchen.

Fleutjepiepen/Fleitjepiepen

In Teilen Mittelholsteins kennt man diesen Begriff,
wenn man gegenüber einem anderen zum Ausdruck
bringen will: Ich pfeif dir was, da wird nichts draus, der
Rat kommt zu spät, „dat sünd Fleut – Fleitjepiepen",
das ist hohles Geschwätz. In dem Wort „Fleutjepiepen"
sind die Nomen Fleut (Flöte) und Piep (Pfeife) enthalten.
Eine Erklärung für den Begriff „Fleutjepiepen" bezieht
sich darauf, dass eine Flöte auch als eine hohle Pfeife
bezeichnet wird. Im Regionalsender NDR gab es viele
Jahre lang die erfolgreiche Sendung „Fleitjepiepen".

Flickschoosterie

Wenn eine Arbeit, besonders im Handwerk, fehlerhaft und nachlässig angefertigt worden ist, sind umgangssprachlich „Flickschoosters" (Flickschuster) am Werk gewesen. Als besonders unangenehm ist das in der folgenden Geschichte belegt: Als ein Kunde an einem Wurststand genüsslich in eine Thüringer Bratwurst biss, merkte er auf einmal, dass etwas an seinen Zähnen hängengeblieben war. Kaugummi hätte er nicht bestellt, sagte er dem verdutzten Verkäufer und gab den Rest wieder zurück.

Flint in't Koorn

„De Flint nich foorts in't Koorn smieten" bedeutet so viel wie, man soll die Flinte nicht gleich ins Korn werfen, nicht so schnell aufgeben. „Flint" geht auf das mittelniederdeutsche „vlint(stein)" (Flintstein, engl. Flint = Feuerstein, Kiesel) zurück. Die Flinte ist heute nur noch Jagdwaffe.

Flünk, -en

Mit „Flünk" bezeichnet man im Plattdeutschen den Flügel eines Vogels, gleichzeitig aber auch im übertragenen Sinne den/die Windmühlenflügel und den/die Arm(e) eines Menschen. Durchgehend im Plural kennen wir folgende Redewendungen: „He lett de Flünken hangen." (Er lässt die Flügel hängen, ist niedergeschlagen, antriebslos.) „Em mööt de Flünken besneden warrn." (Ihm müssen die Flügel gestutzt und damit seine Grenzen aufgezeigt werden.) Das Wort „Flünk", auch „Flunk" für „Flügel", entstammt dem mittelniederdeutschen „vlunke", im Dänischen heißt es „flakse" (mit den Flügeln schlagen).
flutschen/fluschen

Wenn Mutter bei der täglichen Hausarbeit alles leicht von der Hand ging, entfuhr ihr häufig der Satz: „Kinners nochmolto, dat flutscht vundag man so." (Kinder nochmal, das flutscht heute man so.) Ging alles verquer, durcheinander, schimpfte sie: „Dat will vundag nich so recht flutschen!" (Das will heute nicht so recht flutschen.) In manchen Landesteilen heißt es auch „fluschen", allerdings mehr in der Bedeutung von „bremsen", aus dem englischen „to flash".

Flutz

Wenn jemand einmal gehörig „in Brass" (in Wut) geraten war, entfuhr ihm, in drohendem Unterton, schon mal dieser Satz: „Kriggst glieks en an de Flutz." Das war sehr derb und bedeutete: „Du bekommst gleich was aufs Maul." Das geschah dann in „Raasch" (in Rage), in Erregung und war natürlich nicht so gemeint.

Fluusmichel

Als ein Maurerlehrling bei seiner Gesellenprüfung einen Schornsteinkopf aufmauern sollte, war dieser am Ende schief und krumm. Als ihm das vorgehalten wurde, meinte er trocken: „De warrt neußen doch wedder afreten." (Der wird nachher doch wieder abgerissen.) Mit diesem „Fluusmichel" war die Prüfung nicht zu bestehen. „Fluusmichel" ist ein unordentlicher Mensch. In diesem zusammengesetzten Nomen steckt das Verb „flusen" (flattern, flüchtig umherlaufen). Davon ist das Adjektiv „flusig" (flatterhaft, oberflächlich, nachlässig, unordentlich) abgeleitet. Das Stammwort „Fluus" geht auf das mittelniederdeutsche vlûs, vlûsch (Rauhes, Verwirrtes) zurück.

Fööt, kole kregen

Ein junges Ehepaar hat sich nach langwieriger, intensiver Planung für den Bau eines Einfamilienhauses entschieden. Die vom Bauunternehmer errechnete monatliche Belastung würden sie wohl stemmen können, meinten sie und begannen, die einzelnen Posten akribisch durchzurechnen. Dabei stießen sie auf eine Reihe von Ungereimtheiten, die den Bau am Ende erheblich verteuern würden. Nach reiflicher Überlegung nahmen sie Abstand vom Kauf, „se harrn kole Fööt kregen" (kalte Füße bekommen). Dieser Begriff soll angeblich am Spieltisch entstanden sein als Vorwand, ein Spiel vorzeitig abbrechen zu können, wenn Verluste drohten.

Foffteihn

Im Handwerk wird die Frühstückspause gern mit „Wi maakt foffteihn" (Wir machen fünfzehn) eingeläutet. Landauf, landab wird als Erklärung auf die fünfzehnminütige Pause verwiesen. Eine weitere bezieht sich auf das Laden von Gütern (u. a. in Häfen), wobei die Säcke einzeln gezählt und nach jeweils fünfzehn Säcken Trinkpausen eingelegt worden sein sollen. Belegt sind diese Erklärungen nicht.

Freiheit für Schleswig-Holstein

Seit 1953 verleiht der Schleswig-Holsteinische Heimatbund in unregelmäßigen Abständen an verdiente Bürger des Landes die Lornsen-Kette. Sie ist benannt nach Uwe Jens Lornsen (1793–1838), der als Schlüsselfigur des Freiheits-und Einheitsstrebens Schleswig-Holsteins im 19. Jahrhundert gilt.
Schleswig-Holstein gehörte bis 1864 zum Dänischen Königreich, dieses musste die beiden Herzogtümer einschließlich Lauenburg allerdings nach dem Deutsch-Dä-

Uwe Jens Lornsen um 1830, Zeichnung von Christian Peter Hansen

nischen Krieg im Wiener Frieden vom 30. Oktober 1864 an Preußen und Österreich abtreten.

Lornsen wurde in Keitum auf Sylt geboren, war als Jurist viele Jahre in der Dänischen Staatsverwaltung tätig und kämpfte unermüdlich für eine Trennung der Herzogtümer vom Gesamtstaat. Dies untermauerte er 1830 mit seiner Schrift „Über das Verfassungswerk von Schleswig-Holstein", die er öffentlich machte. Er verlangte darin eine eigene Verwaltung für Schleswig und Holstein. Dies erfüllte jedoch den Tatbestand des Hochverrats, und so wurde er zur Festungshaft in Rendsburg verurteilt. Da er im Lande und darüber hinaus für seine Ideen nur eine geringe Resonanz verspürte, wählte er 1838 aus tiefer Enttäuschung in der Schweiz den Freitod. In Rendsburg erinnert am Paradeplatz ein Denkmal an diese Symbolfigur des schleswig-holsteinischen Freiheitskampfes. Sein Name steht heute für Mut, Vision und Einsatz.

No. 202.

Die

Unions-Verfassung

Dänemarks und Schleswigholsteins;

eine

geschichtlich staatsrechtliche und politische Erörterung

von

Uwe Lornsen.

Nach des Verfassers Tode herausgegeben

von

Dr. Georg Beseler.

Jena,

Friedrich Frommann.

1841.

Die Unions-Verfassung Dänemarks und Schleswig-Holsteins von 1841
von Uwe Jens Lornsen

F **fröher**

Ein Ehepaar aus Klein Nordende im Kreis Pinneberg erinnert sich an eine Reihe origineller Redensarten. Wenn
man mit der derzeitigen Situation im Dorf nicht einverstanden war, überquer mit Lehrer, Pastor und Polizisten
lag, hieß es schnell: „Fröher weer allens anners, meistens beter." (Früher war alles anders, meistens besser.)
Dann folgte chorisch die Antwort: „Tja, fröher, do
harrn wi noch en Kaiser un de Poggen Prüken, vundag
hebbt se nich mol mehr Hoor." (Tja, früher, da hatten
wir noch einen Kaiser und die Frösche Perücken, heute
haben sie nicht mal mehr Haare.)

fuchtig, hol di

Im Plattdeutschen verabschiedet man sich häufig mit
den Worten: „Hol di" oder „Hol di fuchtig" (Mach's
gut, bis dann, bleib gesund). Manchmal, nach Krankheit oder bervorstehenden schweren Aufgaben, (Prüfun-
gen u. Ä.), schickt man die ermunternde Aufforderung
„Hol de Ohren stief" (Halte die Ohren steif) hinterher
im Sinne von „Du schaffst es schon, lass dich nicht un-
terkriegen". Die Wendung „Die Ohren steifhalten" geht
auf die Beobachtung von Tieren zurück, besonders von
Pferden und Hunden. Ein Tier, das die Ohren nicht hängen lässt, zeigt, dass es wach und putzmunter ist.

Futjes, Futtjen, Futsche

Futjes, auch Förtchen genannt, sind ein beliebtes Gebäck, vor allem an der Westküste. Ein Hefeteig wird löf-
felweise in einer speziellen Pfanne mit halb-
kugelförmigen Vertiefungen zu kleinen Bällen gebacken.
Man nannte die Futjes auch „Nonnenfürzchen".

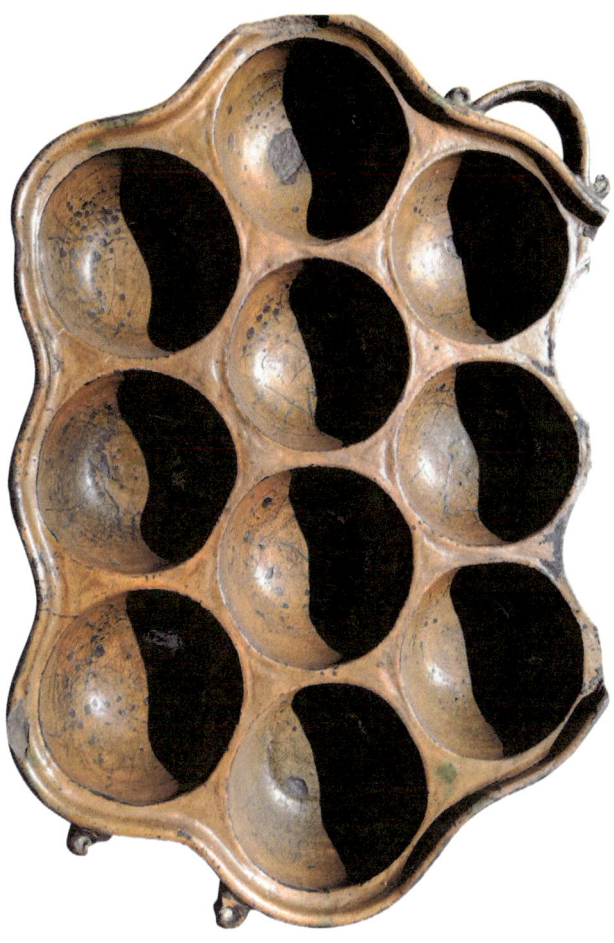

Förtchenform – Förtchen auch Futjes genannt – wie sie in früherer Zeit
verwendet wurde.

G

Gediegen

Wenn in Schleswig-Holstein etwas „gediegen" ist, dann ist es rein, sauber, makellos, dann spricht man schon mal von einer gediegenen Einrichtung. Es kann aber auch in der Küche „gediegen" riechen, dann liegt ein merkwürdiger Geruch in der Luft.

Gewidderback

Ist jemand allzu schnell bereit, jede Kleinigkeit aufzubauschen, aus jeder „Mücke einen Elefanten zu machen", heißt es bei den Angelitern: „Dat is en Gewidderback." (Das ist eine Gewitterbacke.) In anderen Teilen unseres Landes heißt es: „Dat is en Gewidderfleeg." (Das ist eine Gewitterfliege.)

Giezhals, Giezknüppel

In Norddeutschland bezeichnet man Menschen, die sich von ihrem Besitz nur schwer trennen wollen, als „Giezhals" (Geizhals) oder „Giezknüppel" (Geizknüppel). Sie belegen sie mit Adjektiven wie „giezig", „nehrig", „pennschieterig", „knickerig", „gnietschig" und „kniepig". Bittet man sie um eine kleine Spende für notleidende, hungernde Kinder, bekommt man nicht selten zu hören: „Mi hett ok nüms holpen." (Mir hat auch niemand geholfen.)

Gifft-Bood (Gift-Bude)

Die Touristen in unserem Lande stoßen sich manchmal an dem für sie eigenartigen Humor der Einheimischen. So soll es schon einmal vorgekommen sein, dass Gäste auf der schönen Insel Helgoland, die auf dem Oberland nur einen Eiergrog trinken wollten, vom Wirt in den „blauen Salon" komplimentiert worden waren. Schwupps standen sie im Freien. Als sich ein älteres

Ehepaar mit süddeutschem Akzent einmal in St. Peter-Ording nach einem Restaurant mit gutbürgerlicher Küche erkundigte, bekam es zur Antwort: „Dor achter in de Gifft-Bood." (Da hinten in der Gift-Bude.) Beim ungläubigen Nachfragen (man wolle sich doch nicht vergiften lassen) kam die Erklärung. Gemeint waren die Pfahlbauten mit Restaurants am Strand. „Dor gifft dat orrig wat vör't Mess." (Da gibt es ordentlich was „vor's Messer", zu futtern.)

Gilden

Hierunter versteht man den Zusammenschluss von Bürgern zur gegenseitigen Hilfe und Unterstützung in Notfällen in früheren Zeiten. Die Grundsätze haben zwar ihre Gültigkeit bis auf den heutigen Tag behalten, doch sind die Gilden im Laufe der Zeit immer mehr zu Vereinigungen für gesellige Veranstaltungen geworden. Der Ausdruck „Gilde" hat sich aus dem mittelhochdeutschen Wort „entgelten" und dem althochdeutschen

Uniform der Gilde der „Brifträger, Litzenbrüder und Wagenmeister" aus Schleswig-Holstein um 1850

Gildenschürze zu Beginn des 19. Jahrhunderts

Verb „intgeltan" (für etwas zahlen, büßen) entwickelt.
Ursprünglich verstand man unter Gilde „ein Opferge-
lage". Die ältesten Gilden im Lande reichen bis ins 15.
Jahrhundert zurück, so wie die St. Knudsgilde zu Schleswig und Flensburg. Die Wilstersche Schützengilde ist
1426, die Itzehoer Liebfrauengilde 1477 und die Lun-

dener Pantaleonsgilde 1508 gegründet worden. Benannt worden sind die Gilden nach ihrem Zweck. So gab es u. a. die Brandgilde, die Windgilde, die Knochenbruchgilde und die Totengilde. Viele Gilden wie Schützengilden sind heute noch belebende Elemente im Kulturangebot einer Region.

Glückstadt, in Glückstadt studeert

Kenner unseres Landes wissen, dass es in dieser schönen Stadt an der Elbe keine Hochschule gibt, an der man studieren kann, wohl aber, dass hier seit 1968 im Juni vier Tage lang die „Matjeswoche" stattfindet. Den lekkeren Matjes (Hering, der vor Erreichen der Geschlechtsreife verarbeitet wird und in einer Salzlake reift), kann man dann ausgiebig genießen. Aber das ist nicht gemeint. Vielmehr diese kleine Anekdote: Wenn jemand früher nach längerer Abwesenheit wieder nach Hause gekommen war und der Gefängnisaufenthalt in Glückstadt nicht öffentlich werden sollte, hieß es hinter vorgehaltener Hand: „De hett in Glückstadt studeert." (Der hat in Glückstadt studiert.) Der Makel blieb.

gnatschig

„Gnatschig sein" bezeichnet einen Gemütszustand, der „übellaunig, quengelig sein" bedeutet.

Gräsen, kole

Starke Gefühle lösen bei vielen Menschen oft Reaktionen wie Schauer aus, sie sprechen dann von einer „Gänsehaut", es läuft ihnen dabei kalt über den Rücken, „se kriegt dat kole Gräsen" (sie kriegen das kalte Grausen), bei anderen „löppt em dat langs den Rügg so hitt" (läuft ihm das heiß den Rücken hinunter). „Gräsen" leitet sich vom Verb „gräsen" (grausen, schaudern) ab. Das Adjektiv „gräsig" (grässlich, schrecklich, gewaltig) finden wir auch im mittelniederdeutschen „greslik" und englischen „grisly" wieder (s. auch Grizzlybär).

Gröönsnavel – Grünschnabel

Im Schleswig-Holsteinischen Landtag wurde einmal ein Redner, von Beruf Landwirt, ständig durch Zwischenrufe aus dem Plenum gestört, wohl auch im Hinblick auf seine bäuerliche Herkunft. Darauf entgegnete er ruhig: „Ik snack hier so as mi de Snavel wussen is." (Ich spreche hier so, wie mir der Schnabel gewachsen ist.) Als die Störmanöver jedoch kein Ende nehmen wollten, nahm er seelenruhig seine Notizen und ging mit den Worten: „Ik laat mi doch vun jüm nich över'n Snavel fohren" (Ich lass doch nicht zu, dass ihr mir über den Schnabel fahren könnt) vom Platz. In den folgenden Sitzungen hielt er konsequenterweise „den Snavel" (er schwieg). Er wollte sich doch hier, im Hohen Hause, nicht wie „en Gröönsnavel" (ein Grünschnabel) behandeln lassen.

Grootsnuut un Grootmuul

Ein „Grootsnuut un Grootmuul" ist ein Angeber, Prahlhans, der sich gern mit seinen „tollen" Bekannten und seinen eigenen Leistungen schmückt.

Groschenstücke

Als Anneliese L. aus Schleswig Kind war, wurde sie häufig von ihrer Mutter mit dem Auftrag zum Bäcker geschickt, sie solle für eine Mark „Groschenstücke" kaufen. „Hol mol för en Mark Groschenstücken." Sie kam dann mit zehn Cremeschnitten nach Haus.

Hacke, einen an der Hacke haben

Wenn jemand einem anderen zuruft, er habe „einen an der Hacke", so meint er, dass der andere ein bisschen verrückt, plemplem sei. Hat er allerdings „ordentlich was an der Hacke", dann ist er sehr vermögend. Das eine schließt das andere bekanntlich nicht aus.

Hacken, glieks achter

Günter E. aus Glücksburg weiß eine Menge über das Leben unserer schleswig-holsteinischen Landsleute in früheren Zeiten zu erzählen. Ging es zum Beispiel um die Erledigung „dringlicher und notwendiger Bedürfnisse", schreibt er, war das in besonders dünn besiedelten Landstrichen kein Problem. Man machte „glieks achter de Hacken" und grub seine Hinterlassenschaften umgehend ein. Im Sommer geschah das hinter dem Wall (Knick), im Winter im warmen Kuhstall in der Rinne. Später gab es dann Anfang des 20. Jahrhunderts einfache Plumpsklosetts.

Hackenrieter

Zeiten waren das, als man im Winter auf der Schlei bei Fahrdorf noch Schlittschuhlaufen konnte. Lang, lang ist's her. Ein älterer Bewohner weiß noch, wie beschwerlich damals in seiner Jugend dieses Wintervergnügen war. So wurden „Hackenrieter" (Absatzreißer) an den Schuhen befestigt, das waren ältere Schlittschuhmodelle, die mit spitzen Krallen an den Schuhabsätzen befestigt wurden. Leider lösten sie sich oft und sorgten damit für den einen oder anderen unsanften Sturz auf die Eisfläche.

Hand, dörde

Von einem ehemaligen Seemann ist uns dieser interessante Beitrag geliefert worden: „Als ich vor Zeiten Moses auf einem Frachter war, benutzte ein Matrose immer den Ausdruck ‚dörde Hand'. Das war eine ‚Talje' (Flaschenzug) für kleine Lasten, gewissermaßen die dritte Hand zur Verstärkung."

Hals över Kopp

Ein Ehemann beklagte sich einmal bitterlich darüber, dass bei seiner Frau immer alles „Hals över Kopp" (Hals über Kopf) geschehen müsse und er sich auf solche überstürzten Handlungen niemals so recht einstellen könne. Der Hals ist im Plattdeutschen Gegenstand vieler Metaphern, so auch in den folgenden Wendungen:

„He kann den Hals nich vull noog kriegen." (Er kann den Hals nicht voll genug kriegen, ist habgierig, geizig.)

„Dat brickt em ok nich foorts den Hals."

(Das bricht ihm auch nicht sofort den Hals, macht ihn auch nicht ärmer.)

„Se hett wat in't verkehrte Halslock kregen."

(Sie hat etwas ins falsche Halsloch bekommen, hat etwas falsch verstanden.)

„‚Du Halsafsnieder!', schimp de Buer, as em sien Naver en Kalv för en Queen (auch Quie) verköfft harr." („Du Halsbschneider", schimpfte der Bauer, als ihm sein Nachbar ein Kalb anstelle einer Queen (Quie) verkauft hatte.) Bei Queen (Quie) handelt es sich um ein junges, weibliches Rind, das noch nicht gekalbt hat.

„Hase, falscher"

Unter diesem Namen wird in unserem Land ein Braten aus Hackfleisch auf den Esstisch gebracht. Warum nun aber „falscher Hase"? Die Bezeichnung ist vermutlich

Falscher Hase mit hart gekochtem Ei, hier appetitlich angerichtet

darauf zurückzuführen, dass der Braten in der Vergangenheit in irdenen „Hasenpfannen" gebacken wurde. Dabei war es auch üblich, dem Hackbraten die Form eines Hasen zu geben. Der „falsche Hase", auch „polnischer Hase", ist ab der Mitte des 19. Jahrhunderts in den Kochbüchern dokumentiert.

Hase im Pfeffer

Es ist nicht immer leicht, einem Gesprächspartner komplizierte und zugleich komplexe Zusammenhänge etwa bei Produktionsabläufen in einem Wirtschaftsbetrieb zu erklären. Ist oder scheint das zumindest endlich gelungen, kommt Freude auf, begleitet von dem Hinweis: „Da liegt der Hase im Pfeffer!" Dieses sprachliche Bild bezieht sich auf den zubereiteten Hasenbraten in einer scharf gewürzten Soße, dem „Hasenpfeffer". Problem erkannt, soll das dann heißen, nun müssen Lösungen her.

Haver – Ihn sticht der Hafer

Ist jemand übermütig, unbändig, „stickt em de Haver" (sticht ihn der Hafer). Diese auf das menschliche Verhalten übertragene Wendung bezog sich ursprünglich auf das Pferd, das bei reichlicher Fütterung mit Hafer und fehlender Aktivität zu übermütigen Sprüngen neigte. Bekam es seinen Hafer nicht, wurde es störrisch. Bildlich gesprochen: „Dat Peerd, dat den Haver verdeent hett, kriggt em nich." (Das Pferd, das den Hafer verdient, bekommt ihn nicht.) Im übertragenen Sinne: Undank ist der Welten Lohn.

Hechtkötel

In Hohenhörn am Nord-Ostsee-Kanal ärgert man sich über rechthaberische und stets besserwisserische Menschen und nennt sie verächtlich „Hechtkötel" (Klugscheißer). Damit sind Menschen gemeint, die sich überall einmischen und meinen, alles besser zu wissen. „Kötel" sind die Exkremente von Tieren (Schafen, Hasen und Ziegen). „Hecht" ist eine alte Bezeichnung für „fest" oder „haften", hat mit dem Fisch „Hecht" nichts gemein. Der häufig synonym verwendete Ausdruck „Klookschieter" ist eine eher abgeschwächte, zumeist belustigte Form.

Heck, kort bi't

Aus Süderbrarup kennen wir diesen Spruch, der überwiegend in Angeln und Flensburg geläufig ist: „He is kort bi't Heck." Gemeint ist damit jemand, der leicht erregt und kurz angebunden ist und sich nichts bieten lässt. „Heck" ist die Bezeichnung für ein gitterförmiges Lattengestell. Im mittelniederdeutschen „hek" wird darunter „Umzäunung", „Einfassung" oder „Tor" verstanden. In jedem Fall ist damit auch eine Grenze aufgezeigt, die nicht überschritten werden darf.

Hehn, en kloke (eine kluge Henne)

Aus Groß Wittensee im Kreis Rendsburg-Eckernförde erreicht uns diese Redensart: „En kloke Hehn leggt (sik) ok mol in de Netteln." (Eine kluge Henne liegt (legt sich) auch mal in die Nesseln.) Manchmal gibt es den Zusatz „un verbrennt sik den Mors" (und verbrennt sich den Hintern). Gemeint ist mit dieser Metapher, dass kluge Leute auch mal Fehler machen und dabei zu Schaden kommen können.

Heindüdelkraam

Wenn Jürgen C. aus Neumünster mit einer Sache nicht ganz einverstanden ist, entfährt ihm schon mal der Spruch: „Wat schall so'n (disse) ‚Heindüdelkraam' (Unsinn)?" Und weiter: „Hett Hannes dat wedder ‚versaubüdelt'?" (Hat Hannes das wieder falsch gemacht?) Das Nomen „Heindüdelkraam" und das Verb „versaubüdeln" werden geringschätzend und abwertend/abfällig gebraucht.

Hest du wat, büst du wat

Viele Menschen schleppen ein großes Problem mit sich herum. Sie können sich nicht oder nur schwer von dem Liebsten, das sie besitzen, trennen – von Geld und Eigentum. Not und Elend in der Nachbarschaft und in der großen, weiten Welt rühren sie wenig, sie halten es mit dem amerikanischen Slogan „Money makes the world go round" oder auch „Geld regiert die Welt". Dazu passt die Redewendung „Hest du wat, büst du wat" (Hast du was, bist du was).

hibbelig

„Man, wat büst du hibbelig!", ruft man einem unruhig und ziellos umherlaufenden Menschen zu. Manchmal wird dieses Adjektiv auch durch „hiddelig", „figgerig" oder „jiddelig" ersetzt.

hiemen, Hiem

Aus Oldendorf im Kreis Steinburg haben wir diesen Beitrag, der auch im angrenzenden Dithmarschen geläufig ist. Da heißt es: „Se hiemt as'n Lungenpieper", wenn jemand ganz schlecht Luft bekommt und geräuschvoll atmet. Das Verb „hiemen" ist lautmalend und leitet sich von dem mittelniederdeutschen „himen" (keuchend, pfeifend, röchelnd atmen, besonders bei Asthmatikern und Erkälteten) ab.

hietzen

„Hietzen" (hietschen) bedeutet so viel wie, etwas unter Mühen hochziehen, aber auch hetzen, antreiben. Dazu gehört auch das hochdeutsche „hissen", englisch „to hoist".

hild, hilde, hille

Das Adjektiv „hild, hilde" bedeutet so viel wie eilig, geschäftig, mittelniederdeutsch „hilde, hille". Wenn jemand es „schieten hild" hat, dann hat er es eilig, ein „stilles Örtchen" zu erreichen. In übertragenem Sinne ist „höchste Eisenbahn" geboten. „Se kaamt jüst in de hillste Tiet" (Sie kommen gerade zu der Zeit, wo wir alle Hände voll zu tun haben), sagte der Bauer.

Auf Fering – der friesischen Sprache auf der Insel Föhr – sagt man für fromm „hilig". Das Wort ist vom Hochdeutschen „heilig" abgeleitet. Interessant ist die Bedeutungsverschiebung. In einem Sprichwort heißt es: „Hilig ap tu't knöbian" (heilig bis zum Knie). Im Hochdeutschen würde man dafür das Adjektiv „scheinheilig" verwenden. Jakob Tholund, ein intimer Kenner des Friesischen, meint dazu: „Eine kritische Haltung zum Frömmlertum ist nicht zu übersehen."

hingst, en witjen

Auch die Friesen bedienen sich wie die Plattdeutschen gern anschaulicher Sprachbilder. Das erlebt man besonders auf der Insel Föhr, wenn Anerkennendes oder Kritisches zum Ausdruck gebracht werden soll. In der Redewendung „En witjen hingst bruk föl steiling" (Ein weißer Hengst braucht viel Stroh) ist wohl beides enthalten, denn gemeint ist, dass eine Frau, die großen Wert auf ihr Äußeres legt, teuer sei.

Höhner, studeerte

Da kommt das einzige Kind, und dann auch noch eine Tochter, eines Tages daher und erklärt den Eltern, Germanistik studieren zu wollen. Und das auf dem platten Lande, wo sie doch den Bauernhof übernehmen sollte. „Disse studeerten Höhner köönt woll klook snacken, man holt en Oss för en Bull!" (können einen Ochsen nicht von einem Bullen unterscheiden), schimpfte der Vater.

Höhnerkraam (Hühnerkram)

Ein Ehepaar auf dem Lande hat folgende Vereinbarung getroffen: Wenn es sich um Dorfangelegenheiten wie Versammlungen, Wahlen u. Ä. handelt, ist der Ehemann zuständig. Dann heißt es: „Da geh du man hin, davon verstehst du mehr als ich." In Hausangelegenheiten allerdings führt sie das Regiment. Als Ehemann Jan eines Tages mit großer Verwunderung feststellte, dass in der Wohnstube und in der Küche neue Schränke standen, sich der alte „Corsa" offenbar über Nacht in einen Opel „Astra" verwandelt und die Gartenpforte einen neuen Anstrich bekommen hat, meinte seine Liebste treuherzig: „Man Jan, dor heff ik doch in'n Droom nich an denken kunnt, dat du di bi all dien groten Opgaven ok noch üm so'n Höhnerkraam kümmern würrst." (Daran hab ich doch im Traum nicht denken können, dass du dich bei all deinen wichtigen Aufgaben um so'n Hühnerkram (Kleinkram) kümmern würdest.)

hökern, Höker

Mit „hökern", einem Verb aus dem Plattdeutschen, meint man aufbewahren, verwahren, aber auch handeln und verkaufen. „Höker" nannte man früher den Kaufmann an der Ecke, einen Gemischtwarenhändler.

Höten, vun Höten to Föten

Eine nicht mehr ganz junge plattdüütsche Deern stellt sich so vor: „Ich komme aus Hohenhörn am Nord-Ostsee-Kanal, bin verheiratet, Mutter und Oma, ‚vun Höten to Föten' (von Kopf bis Fuß) eine Plattdeutsche. Mit meinen Kindern spreche ich Plattdeutsch, mit den Enkelkindern auch, nur mit meinem Mann gehe ich hochdeutsch um."

In manchen brenzligen Situationen entfährt den so in Bedrängnis Geratenen oft der verzweifelte Ausruf: „Nu is Holland in Noot!" Die Herkunft des geflügelten Wortes „Holland in Noot" ist nicht belegt, nur so viel, dass es schon im Jahr 1561 bekannt war. Eine Erklärung könnte sein, dass große Teile der niederländischen See- und Flussmarschen bis zu sechs Metern unter dem Meeresspiegel liegen (lagen) und häufig ungeschützt den Sturmfluten ausgesetzt waren.

Holm, der

Bis zum Jahr 1938 war der Holm eine Schleiinsel am Rande des Schleswiger Stadtgebiets. Um 1900 lebten dort etwa hundert Fischer mit ihren Familien, 1992 zählte man nur noch zehn. Gefangen wurden besonders Brassen, Karpfen, Hechte, Barsche und Flundern. Brassen aßen die Fischerfamilien am Weihnachtsabend, gekocht, mit Kartoffeln und Meerrettichsoße. Der größte

Blick von der Schlei auf ein altes Holmer Fischerhaus, im Hintergrund der Schleswiger Dom. Foto von 1894

Teil des Fanges wurde an die Räuchereien in der Umgebung verkauft, die wiederum zum größten Teil ihre Abnehmer im Großraum Hamburg hatten. Heute ist der Holm eine idyllische Touristenattraktion.

-holm

Wer sich die Mühe macht, das schöne Schleswig-Holstein per pedes zu durchwandern oder mit dem Fahrrad, gegebenenfalls auch mit dem Auto, zu erkunden, stößt in vielen Fällen auf Ortschaften mit der Endung -holm. An dieser Stelle seien einige genannt: Lindholm in Nordfriesland, Süderholm bei Heide, Holm, ein Dorf nahe Uetersen, Friedrichs- und Christiansholm bei Hohn und Holm als Stadtteil von Schleswig, früher eine Insel. Mit „Holm" ist eine Erhöhung in einer Niederung, mittelniederdeutsch für Insel in einem Fluss, gemeint.

Holt

Der Redewendung „Jaag em to Holt" (Jag ihn in den Wald) begegnet man häufig im Sinne von „Weg mit ihm, den kann man zu nichts gebrauchen, der stört nur." In früheren Zeiten haben die Bauern ihre Schweine in den Wald getrieben, damit sie sich dort mit Eicheln, Eckern und Wurzeln selbst ernähren konnten.

Hoor op de Tähnen

Offenbar geht diese Redewendung von der Vorstellung aus, dass eine besonders starke Behaarung ein Zeichen großer Männlichkeit, also ein Synonym für Kraft und Entschlossenheit, sei. Umgangssprachlich, auch in der plattdeutschen Redewendung „De hett Hoor op de Tähnen" (Der hat Haare auf den Zähnen), wird das noch dadurch unterstrichen, dass man einem Menschen sogar dort Haare zuschreibt, z. B. auf den Zähnen oder auf der Zunge, wo sie nicht wachsen. Wenn jemand „Haare auf den Zähnen" hat, meint man damit, dass er sich nichts sagen, sich nicht „unterbuttern" lässt. In der Regel ist es anerkennend gemeint, manchmal kann es auch kränkend sein.

Hornberger Schießen (ausgegangen wie das) – utgahn as dat Hornberger Scheten

Bürger aus der Kleinstadt Hornberg im Schwarzwald sollen auf den Besuch ihres Landesfürsten Eberhard Ludwig (1677–1733) gewartet haben. Es sollte dabei recht feierlich zugehen, und so wurde das Schießen mit Kanonen fleißig geübt. Als nun der große Tag gekommen war, hatten die eifrigen Bürger von Hornberg „jemehr Pulver al verschaten" (ihr Pulver schon verschossen). Was tun? Sie versuchten, das Böllern durch lautes Brüllen nachzumachen, „man dat güng in de Büx" (ging in die Hose, ging daneben). Der Fürst bekam Wind davon, und die Anstifter wurden bestraft. Wenn ein Vorhaben sich von vornherein als undurchführbar erweist, heißt es, auch im Plattdeutschen, „dat geiht ut as dat Hornberger Scheten" (das geht aus wie das Hornberger Schießen).

Hose, auffe Hose und abbe Knöpfe

Ein nicht ernstzunehmendes Entschuldigungsschreiben aus dem Petuh-Tanten-Milieu in Flensburg und Umgebung (s. Beitrag: Nu is ihn weg):

„Werter Herr Lehrer! Dass unser Sohn Hans gestern mit auffer Hose zum Unterricht erschienen ist, lag an die abben Knöpfe. Ich hab sie wieder angenäht, sodass der Junge heute wieder mit zuer Hose in die Schule gehen kann." Hochachtungsvoll Frau Sievers

Hund, de …

Der Hund ist Gegenstand vieler Redewendungen. Will jemand einem anderen wehtun, ihn körperlich und seelisch verletzen, gibt es dafür im Plattdeutschen folgendes Sprachbild: „De'n Hund slagen will, findt licht 'n Steen oder'n Knüppel." (Wer einen Hund schlagen will, findet leicht einen Stein oder Stock.) „Kummst du övern Hund, kummst du ok övern Steert." (Kommst du über'n Hund, kommst du auch über'n Schwanz.) Das soll heißen: „Hast du erst den Anfang geschafft, schaffst du auch noch den Rest."

Hund in de Pann

Im Band „So spricht Schleswig-Holstein" ist kurz auf den Spruch „Dor warrt de Hund in de Pann (Pfanne) verrückt" hingewiesen worden. An dieser Stelle soll näher darauf eingegangen werden. Er ist Ausdruck der Verwunderung und des Erstaunens, aber auch großer Verärgerung, wenn zum Beispiel eine Angelegenheit heillos aus dem Ruder zu laufen droht. Aber was haben Hund und Pfanne gemein? Da müssen wir schon unseren Narren Till Eulenspiegel bemühen. Er sollte in früheren Zeiten bei einem Bierbrauer gearbeitet haben, der seinerseits einen Hund mit Namen „Hopf" besaß. Eines Tages nun befahl der Brauer Till, den Hopfen zu sieden. Till tat, wie ihm befohlen war, griff sich „Hopf" und warf ihn in die Pfanne mit dem kochenden Hopfensud. Der Sage nach wurde er auf der Stelle vom Hof gejagt („af vun'n Hoff"). Vielleicht hatte der Schalk ja einen „an de Pann", war nicht ganz richtig, war heiß im Kopf. Wer weiß. Sicher ist, dass diese Redewendung sowohl im Hochdeutschen als auch im Plattdeutschen weit verbreitet ist.

Hüün un Perdüün

Wenn Nachbarsleute gelegentlich beim Schnack über den Gartenzaun zusammenkommen, sprechen sie von „Hüün un Perdüün", von Gott und der Welt.

Husch un Nusch

Das Wortpaar „Husch un Nusch", gelegentlich auch „Grusch" statt „Nusch," bezeichnet ein Sammelsurium minderwertiger, unbrauchbarer Sachen, Plunder und Gerümpel eben.

Iesenbahn, allerhööchste

Scherzhaft heißt es oft umgangssprachlich, wenn jemand zeitlich unter Druck geraten ist: „Es wird Zeit, es ist allerhöchste Eisenbahn." (Dat warrt Tiet, dat is allerhööchste Iesenbahn). Bei Hans Fallada, der einige Jahre in Neumünster gelebt und gearbeitet hat, heißt es in einem seiner berühmten Werke „Kleiner Mann – was nun?": „Es ist höchste Eisenbahn, dass wir ins Bett kommen, wenn wir noch ein bisschen schlafen wollen."

Ingangsdöör

In Barmstedt im Kreis Pinneberg und nahe bei Hamburg gibt es Menschen, die meinen, dass sie zwar ein wenig langsamer als Teile ihrer Mitmenschen denken, weil sie „platt snacken", dafür aber manchmal nicht nur klüger, sondern auch plietscher (aufgeweckter) seien. Die folgende Geschichte mag das unterstreichen:

„Meine alte Tante Line hatte immer einen Hut an der Flurgarderobe hängen. Warum? Wenn es „an de Ingangsdöör" klingelte, setzte sie schnell den Hut auf. War es Besuch, den sie gern bei sich hatte, sagte sie: „Ich bin gerade wieder da, hab mich ein bisschen durchpusten lassen, einmal am Tag ist Satz, sonst wird man ja bregenklöterig (verrückt). Komm rein." Stand jemand vor der Tür, der nicht so recht willkommen war, sagte Tante Line, mit dem Hut auf dem Kopf: „Schade, ich muss gleich los, bün jüst bi't Anplünnen. Keen Tiet, deit mi leed." (Ich bin gerade beim Anziehen. Keine Zeit, tut mir leid.) Was man mit einem solchen Hut nicht alles bewirken kann!

Jack un Büx

Nach einem anstrengenden Arbeitstag heiß es häufig: „Man, ik bün fardig mit Jack un Büx." (Ich bin fertig mit Jacke und Hose.) Das verkündete früher der Schneider seufzend nach getaner Arbeit.

jackeln, rumökern

Wie oft mussten wir uns als Kinder anhören, dass wir im Essen nicht so „rumökern" (stochern) und dabei auf dem Stuhl nicht so „jackeln" (hin- und herwippen) sollten. Und das nur, weil Mutter mal wieder „miesepeterich" (schlecht gelaunt) war.

Jööl, Jul, Jül

So bezeichnet man auf Friesisch nach nordischem Vorbild Weihnachten. Dann werden auf Sylt der Jöölboom (Weihnachtsbaum) und auf Föhr der Julböög (Weihnachtsbogen) aufgestellt.

Der traditionelle Julböög, der Weihnachtsbogen von der Insel Föhr

„Jüch" kennen wir gewöhnlich als kraftlose Brühe, dünnes, flaues Getränk wie Kaffee, Bier, Grog u. Ä. in den Redewendungen: „Kannst allens drinken, dat is Jüch" (Kannst alles trinken, das ist Jauche) oder „Dat is keen Supp, dat is Jüch" (Das ist keine Suppe, das ist Jauche). „Jüch" ist dem mittelniederdeutschen „juche" (Jauche, Brühe, Tunke) entlehnt und in Stormarn, Dithmarschen und Angeln als flüssiger Mist bekannt, oft auch als „Eddel" oder „Addel".

Kaffe (Kaffee)

Im Plattdeutschen sprechen wir am Ende des Wortes das lautlose, einfache „e" und schreiben das Nomen auch so. Mit „Kaffe", auch „Koffi", verbinden wir heute noch viele Redewendungen. „De Koffi is mi to stark" bedeutet, die Sache ist mir zu arg. Oder: „Koffi un Leev sünd hitt am besten." (Kaffee und Liebe sind heiß am besten.) Aus dem Kaffeedick (Kaffeesatz) haben Wahrsagerinnen gern die Zukunft vorausgesagt. Schwimmt im Kaffeesatz ein Stück von der Bohne, ist Besuch im Anmarsch. Ist es hart, wird ein Mann erwartet, weich, wenn es sich um eine Frau handelt. Zu Geburtstagen gibt es „Kaffe un Koken" (Kaffee und Kuchen), zum Frühstück bittet man oft mit den Worten „dat is nu Koffitiet" (das ist nun Kaffeezeit). Kaffebohn (Kaffeebahn) wurde früher die Kleinbahn von Schleswig nach Kap-

Eine alte Kaffeemühle zum Handmahlen

peln genannt, weil sie die Reisenden zu den Kaffee-
kränzchen in den umliegenden Dörfern beförderte. Und
zu guter Letzt die alte Kaffeemühle (Kaffemöhl), die
man bisweilen äußerst schmerzhaft zwischen den Ober-
schenkeln einklemmen muss, um die gerösteten Kaffee-
bohnen gleichmäßig mahlen zu können.

Kaffeekrögen, das, auch Kaffeeklatsch

Im 16. Jahrhundert soll der Kaffee aus seinem Ur-
sprungsland Abessinien (Äthiopien) nach Europa gekommen sein. Es heißt, der Kaffee sei ein Getränk, „das
nicht berauscht, das aber auch Krankheiten des Blutes
heilt und die Hirne lüftet". Vor allem die schleswig-holsteinischen Frauen mussten sich bis zum 18. und 19.
Jahrhundert gedulden, bis dieses Wundergetränk zum
Jedermann-/Jederfrau-Getränk wurde. „Das Kaffeekrögen" (der Kaffeeklatsch) wurde eine der beliebtesten Be-
schäftigungen der Frauen auf dem Dorf. In Esingen bei
Pinneberg kam man erst im Jahr 1825 in den Genuss
dieser „braunen Brühe". Von einer alten Dame, Großmutter Krohn, wird berichtet, dass sie als Amme bei
ihrer Herrschaft in Hamburg den belebenden Trunk
kennengelernt hatte und, in ihre alte Heimat zurückge-
kehrt, auf den „neumodischen Morgentrunk" nicht ver-
zichten wollte. Damit steckte sie nach und nach das
halbe Dorf an. Ihre Straße wurde danach „Kaffeet-
wiete" (Kaffeegasse) genannt.

kakeln

Eine der vielen bildhaften plattdeutschen Redewendungen ist die: „En Hehn, de veel kakelt, leggt keen Eier."
(Eine Henne, die viel gackert, legt keine Eier.) Gemeint
ist damit, dass bei den allzu redefreudigen Menschen
das Handeln oft zu kurz kommt.

Wer seinen Urlaub einmal in Kalifornien verbringen möchte, muss sich nicht unbedingt der Strapaze einer langen Flugreise aussetzen. Wie das? Er fährt einfach ins ostholsteinische Schönberg und danach in die Ortsteile Kalifornien und Brasilien, von der Landeshauptstadt Kiel in einer halben Stunde zu erreichen. Hier findet der stressgeplagte Urlauber alles, was sein Herz begehrt. Einen feinen Sandstrand, einen breiten Deich zum Spazierengehen und attraktive Unterkünfte. Wie ist es nun zu dieser Namensgebung gekommen? Ein Fischer soll eine Schiffsplanke mit der Aufschrift „California" gefunden und an seiner Hütte festgenagelt haben. Ein neidischer Nachbar wollte es ihm gleichtun, nahm sich ein Stück Holz und pinselte darauf das Wort „Brasilien". Von nun an schmückte dieser Name seine Hütte. So sollen sich die beiden Ortsteile, die man zu Fuß erreichen kann, entwickelt haben.

Blick auf den Schönberger Strandteil Kalifornien an der Ostsee

Kallekuten

Wer auf dem Lande aufgewachsen und gelegentlich von einem durchdringenden Geschrei aufgeweckt worden ist, das sich wie „Kallekut, Kallekut" anhört, weiß, dass Truthähne und Truthennen damit lautstark auf sich aufmerksam machen. Sie heißen in manchen Regionen unseres Landes „Kallekuten", „Kalkunen" oder „Kalkuten", im Hochdeutschen Pute oder Truthahn und Truthenne. Ihr schmackhaftes Fleisch wird gern als weihnachtliches Festessen serviert.

Kamm bi de Botter

Einer der vielen anschaulichen plattdeutschen Sprüche lautet: „Dor liggt de Kamm bi de Botter." (Da liegt der Kamm bei (neben) der Butter.) Das soll so viel heißen wie: Welch ein unordentlicher Haushalt.

Kant, op de hoge Kant leggt

Das Nomen „Kant" (Kante, Ecke, Rand, Seite) stammt aus dem mittelniederdeutschen „kant, kante" und bezeichnet die Schmalseite eines Brettes. Wenn Menschen Vorsorge für die Zukunft treffen, Geld sparen wollen, „legen sie etwas auf die hohe Kante" (op de hoge Kant). Die Herkunft dieses Begriffes ist unklar. Vermutet wird, dass früher das Geld auf einem Wandbrett aufbewahrt wurde, das in größerer Höhe angebracht war, damit man nur schwer heranreichen konnte.

Wer es im Laufe seines Lebens zu Wohlstand und Ansehen gebracht hat, von dem heißt es anerkennend: „He hett orrig wat op de hoge Kant leggt." (Er hat ordentlich was auf die hohe Kante gelegt.)

Kantüffeln, rin in de Kantüffeln, rut ut de Kantüffeln K

Ach, was war Mutter am Schimpfen, wenn Vater wieder einmal, von einer Stunde auf die andere, seine Meinung geändert hatte. „Dat geiht bi di jümmerto rin in de Kantüffeln, un denn wedder rut ut de Kantüffeln." (Das geht bei dir immer rein in die Kartoffeln, und dann wieder raus aus den Kartoffeln.) Dieses geflügelte Wort galt und gilt häufig auch für Politiker, die ihre Meinung ständig je nach Windrichtung ändern.

Karkenstieg, bit na'n

Viele Einsichten und Lebensweisheiten wurden und werden offenbar immer noch von Generation zu Generation weitergegeben. So erinnert sich eine Erika B. an diesen Ausspruch ihres Vaters, wenn der sich mal „was Größeres" angeschafft hatte: „Dat is nu mien, mien bit an de Karkenstieg." (Das gehört nun mir bis zum Kirchenweg.) Der „Karkenstieg" (Kirchenweg) führt unmittelbar zum Grab, nach dem Tode gibt es keinen Besitz mehr.

Katt, de Katt bi'n Steert

An einem holsteinischen Amtsgericht spielte sich einmal folgende Szene ab: Der Angeklagte wollte partout nicht mit der Wahrheit herausrücken. Bis dem Richter endlich der Kragen platzte, und er rief: „Hannes, nun muss die Wahrheit aber endlich ans Licht kommen!" Da erschrak sich der arme Kerl, und er begann Schritt für Schritt zu gestehen. „Süh", rief der Amtsrichter, „nu kriegt wi de Katt endlich bi'n Steert!" („Sieh", rief der Amtsrichter, „nun kriegen wir die Katze endlich beim Schwanz.")

Katzen, von Katzen, Mäusen und Menschen

In zahlreichen plattdeutschen Sprichwörtern, Redensarten und Reimen begegnet uns häufig eines unserer liebsten Haustiere: die Katze, op Platt „Katt", oftmals in Verbindung mit der Maus, „Muus". Aus der Kindersprache klingt uns der anheimelnde Ruf „Kumm, Muusch, Muusch" oder „Muuschkatt" ins Ohr. Die beiden Begriffe klingen sanft, zart, weich wie das Fell der Katze, das gern Streichelbedürfnisse befriedigt. Aber vor allem Attribute wie falsch, schmeichlerisch, hinterhältig, neugierig und zäh werden gern verwandt. Hier folgen einige:

Katt un Muus

Wenn Menschen im Umgang miteinander nicht offen und ehrlich sind, „speelt se Katt un Muus miteenanner" (spielen sie Katz und Maus miteinander). Dass die Katze, zugleich auch als klug und schlau apostrophiert, sehr wohl weiß, wie sie zu ihrem Recht kommt, unterstreicht diese Wendung: „De Kööksch un de Katt, de kriegt woll wat, sünd jümmerto satt, eet ut en Fatt, de Knecht und de Hund, de mööt töven, bit wat kummt." (Die Köchin und die Katze, die kriegen wohl was, sind immerzu satt, essen aus einem Fass, der Knecht und der Hund, die müssen warten, bis was kommt.)

Kelling

Immer wieder stoßen wir auf selten gewordene plattdeutsche Begriffe. So erfahren wir von Wolfgang M. aus Flensburg, dass ein „Kelling" ein Kätzchen, ein „Hoppetutz" ein Frosch und ein „Kallekut" ein Truthahn ist. Diese Ausdrücke begegnen uns vornehmlich in Flensburg, Angeln und Nordfriesland.

kettelig (kitzelich)

Aus der Sammlung „Plattdüütsche Snäcke" von Wolfgang Lindow und Carl Schuppenhauer wird eine offenbar hervorstechende Eigenschaft der Bauern wie folgt
beschrieben: „Wenn't den Buern an den Büdel geiht, is
he kettelig." (Wenn es dem Bauern an den Geldbeutel
geht, ist er kitzelig.) Dieser Spruch kann sicherlich auch
auf andere Berufsgruppen übertragen werden.

kiek mol ...

Die Westküstenbewohner unseres Landes sind so manches gewohnt, insbesondere die Hallig- und Inselbewoh-
ner. Wenn sich die Herbststürme ankündigen und es
„Landunter" heißt, gilt es, die Wohnungen und Ställe
auf den Warften abzuschotten und mit Kind und Kegel
auf die Dachböden zu ziehen. Diesen naturbedingten,
in regelmäßigen Abständen wiederkehrenden Sturmfluten begegnen die Halligbewohner mit nordfriesischer
Gelassenheit und einer gehörigen Portion Humor, wie
es die folgende Anekdote unterstreicht: „Es ist Hoch-
wasser. Die Flut hat die Warft auf der Hallig Oland zu
Dreiviertel erreicht. Wir schauen aus dem Fenster und
sehen eine Mütze auf den Wellen vorbeischwimmen.
Mein Onkel bemerkt dazu: ‚Kiek mol, dat is Hein. He
meiht bi jedet Wedder.' (Guck mal, das ist Hein, er mäht
bei jedem Wetter.)"

Kiek mol wedder in

Wenn Urlauber unser Land bereisen, stoßen sie in vielen
Ortschaften auf ein Ausgangsschild mit den freundli-
chen Worten „Kiek mol wedder in!" (Schaut mal wieder
rein!). Hierin ist die Erwartung enthalten, dass sie sich
künftig an die touristischen Besonderheiten erinnern
wie Häfen, Museen und historische Bauwerke.

Kieker, op'n

Für den „Kieker" gibt es drei hochdeutsche Bezeichnungen. 1. „Zuschauer", 2. „Auge" und 3. „Fernrohr, Lupe". Die Redewendung „Ik heff di op'n Kieker" heißt nichts anderes als: „Ich beobachte dich schon seit Längerem" (vielleicht auch durch das Fernrohr), „Du entrinnst mir nicht" (drohend) oder „Ich glaube dir nicht so recht" (misstrauisch). Hat der Junge die Tochter des Nachbarn „op'n Kieker", will er damit bekunden, dass sie ihm gefällt. „Kieker" ist in der Seemannssprache die Bezeichnung für das Fernrohr.

Kiewiev, op'n

„Op'n Kiewiev ween" bedeutet, sehr aufpassen zu müssen. Diese noch in vielen Landesteilen gebräuchliche Redewendung ist französischen Ursprungs und geht oftmals auf die Zeit der Besetzung Norddeutschlands durch napoleonische Truppen während der Kontinentalsperre 1806–1813 zurück. „Kiwiev" ist die plattdeutsche phonologische Übertragung des misstrauischen Ausrufes: „Qui vive?" (Wer da?)

Kindelbeer, auch Kinnerbeer

In diesem Kompositum stecken die Nomen „Kind" und „Beer" (Bier). Passen die überhaupt zusammen? Früher war damit die Kindstaufe (Kindsdööp) gemeint. An einem solchen Tag wurde im Hause, seltener im Wirtshaus, kräftig auf Kosten des/der Taufpaten (Gevatter) gefeiert. Dabei floss auch das „Kindelbeer" bisweilen in Strömen. Vor allem auf dem Lande bot ein jedes Familienereignis Anlass zu ausgiebigen, zum Teil ausufernden Feierlichkeiten.

Kist, in'e

Die plattdeutsche Sprache ist nicht nur deftig und reich an Bildern, sie kann dabei auch ganz schön makaber sein, gespickt mit schwarzem Humor. Das unterstreicht der folgende Dialog:

Ich rufe Freundin Bertha an, will mich nach der Krankheit ihres Mannes Gustav erkundigen. „Hallo, Bertha, ik will doch gau mol nafragen, woans Gustav dat geiht." „Oh, mien Beste, du kummst en beten laat (Oh, meine Beste, du kommst ein bißchen zu spät), mien leve Guschi, de liggt al in'e Kist (mein lieber Gustav liegt schon im Sarg)."

Klacks mit de Wichsböst

Wenn etwas eine Kleinigkeit, eine kinderleichte Sache ist, die im Handumdrehen erledigt werden kann, heißt es in vielen Teilen unseres Landes: „Dat is en Klacks mit de Wichsböst." (Das ist ein Klacks mit der Wichs-/Schuhbürste.) In dem zusammengesetzten Nomen ist das Verb „wichsen" enthalten. Ursprünglich bedeutete es schlagen, prügeln, stoßen. Von einem rauen, unebenen Gegenstand, auch Menschen, kennen wir das geflügelte Wort: „De is so ruuch as'n Wichsböst." (Er ist so grob wie eine Schuhbürste.)

Klöben – auch bunter Stuten genannt

Klöben

Früher war der Klöben ein Festgebäck, das zu Ostern, Weihnachten und Pfingsten aufgetischt wurde. Es ist ein bunter Stuten aus feinem Hefeteig, dem Eier, Butter, Zucker, Rosinen und Korinthen, manchmal auch Mandeln zugegeben werden.

Klöntür (Klöndöör)

So nennt man die zweigeteilte Tür eines friesischen Hauses.

Klümp (Mehlklöße)

Zu vielen landesüblichen Speisen gehörten früher, gelegentlich auch heute noch, „Klümp", vielerorts auch „Klump", „Klüten" oder „Ball" genannt. Das sind Mehlklöße, die besonders in Verbindung mit Suppen verwendet werden: bei der „Buttermilchsuppe" (Boddermelksupp), in der „frischen Suppe" (frische Supp) und in der „Saftsuppe" (Saftsupp). Die „Klümp" gab es

Klöndöör auf einer nordfriesischen Hallig

bei den einfachen Leuten in allen Variationen: „Fleesch
un Klümp" (Fleisch und Klöße), „Melk un Klümp"
(Milch und Klöße), „Klümp un Kantüffeln" (Klöße und
Kartoffeln), teilweise auch als „brade Klümp" (gebra-
tene Klöße).

Knick

Knicks sind lebende Zäune (Hecken), die zum einen die
Acker- und Wiesenflächen der einzelnen Eigentümer ge-
geneinander abgrenzen, sie zum anderen gegen Winde-
rosion schützen sollen.

Blick vom Bungsberg auf eine typische Knicklandschaft

Knick, ut'n Knick kamen

Andreas O. aus Bad Oldesloe kennt den Ausruf „Nu
kumm man mol ut'n Knick, wies di mol" (Nun komm
aus dem Knick und zeig dich mal). Im übertragenen
Sinne ist gemeint, dass jemand in einer bestimmten An-
glegenheit „Farbe" bekennen solle und sich nicht länger
hinter fadenscheinigen Ausflüchten verstecken dürfe.

Knipp

Für den hochdeutschen Begriff „Geldbörse" gibt es die plattdeutsche Bezeichnung „Knipp". Es handelt sich hierbei um eine Geldtasche, deren Metallbügel durch zwei kreuzweise stehende Knöpfe geschlossen werden und dabei das schallnachahmende Knipsgeräusch erzeugen. Warum man heutzutage Fußballspieler, die Tore schießen, „Knipser" nennt, steht in keinem Lehrbuch.

Knüppel, knüppeldick

Der „Knüppel", auch „Knöppel" und „Knippel", ist allgemein auch als Stock bekannt. Wir kennen ihn aus vielen bildhaften plattdeutschen Redewendungen, manchmal auch in Verbindung mit dem Hund. „De Knüppel liggt bi'n Hund" (Der Knüppel liegt beim Hund), sagt man bedauernd, wenn man nicht so kann, wie man gerne möchte. Hatte der Glaser die Scheibe millimetergenau eingesetzt, freute er sich diebisch mit den Worten: „Dat passt as Knüppel op'n Kopp." (Das passt wie die Faust aufs Auge.) Reiht sich ein Unglück an das andere, „kümmt dat foorts knüppeldick". Ein ungenießbares Essen wird schon mal mit den Worten „Dat smeckt as Knüppel op'n Kopp" (wie Knüppel auf den Kopf) kommentiert. Und kann der Zecher im Wirtshaus nicht bezahlen, „suppt he op'n Knüppel" (säuft er auf Pump).

Knuust, Knust

Mit „Knuust" verbinden wir im Allgemeinen den Brotkanten, den letzten harten, kantigen Teil des Brotes. Der Begriff bezeichnet auch eine Erhöhung oder Bodenerhebung.

kommodig

Wenn die Plattdeutschen etwas „kommodig" finden, meinen sie damit, eine Einrichtung, Situation oder Atmosphäre sei gemütlich. Sie bezeichnen aber auch den phlegmatischen, bequemen Menschen als „kommodig". Das Adjektiv ist abgeleitet aus dem französischen „commode" = bequem, verträglich.

kötern

Früher wurde an kalten, zugigen Wintertagen die Wohnung mit Kachelofen und Herd beheizt. Wenn die Kinder durch Stube und Küche tobten, hieß es von den Eltern: „Jüm schüllt nich so kötern." (Ihr sollt nicht so rumtoben.) Das Verb „kötern" leitet sich vom Nomen „Köter" ab, mit dem früher abfällig umherstreunende und brünstige Hunde gemeint waren.

Koh, de melken

Gemeint hat Friedrich Schiller mit diesem Bild einst die Wissenschaft. Dem einen war sie die hohe, himmlische Göttin, dem anderen eine tüchtige Kuh, die einen mit Butter versorgt. Besser müsste es wohl heißen, „die zu melkende Kuh", denn dass die Kuh sich nicht selbst melken kann, liegt auf der Hand. Im Plattdeutschen kennen wir die Redewendung „Ik bün doch keen melken Koh" (Ich bin doch keine zu melkende Kuh). Immer häufiger fühlt sich der Bürger als Kuh, die unentwegt gemolken wird. Da fliegen ihm die Park-Euros nur so um die Ohren, und „geblitzt" wird, was das „Zeug hält".

Überall lauern sie, die „Euro-Jäger", an Straßenbuchten und hinter dichten Hecken. Die so Gejagten können nur noch kläglich das Lied anstimmen „Taler, Taler, du musst wandern."

Koh, de Koh vun't Ies (die Kuh vom Eis)

Wir kennen sie alle, die Situationen, die schier ausweglos erscheinen. In Konferenzen, Tarifverhandlungen und
an Parteitagen sollen wichtige Beschlüsse gefasst werden. Die Diskussionen dauern und dauern, kein „Licht
am Ende des Tunnels". Verzweiflung, gepaart mit Müdigkeit, macht sich breit. Endlich, endlich der erlösende
Kompromiss, mit dem man „de Koh vun't Ies" holt.
Wie so manche Metapher ist auch diese im bäuerlichen
Sprachraum geboren. Früher verirrten sich die Kühe bei
strengem Frost schon mal auf zugefrorene Bäche und
Flüsse und drohten bei Tauwetter einzubrechen und zu
ertrinken.

Kopp, nich op'n Kopp fullen

Nach einem Konzert kam ein Junge in die Künstlergar-
derobe des großen Dirigenten Wilhelm Furtwängler und
bat um drei Autogramme. Der Meister fragte grantig,
warum es denn gleich drei sein müssten, eins würde doch
auch genügen. Der plietsche Junge griente und sagte:
„Großer Meister, das ist man so. Für drei Furtwängler
krieg ich beim Tauschen einen Schmeling." „Wenn das
so ist", lachte der alte Herr, „dann nimm doch gleich
sechs Furtwängler mit." Dieser Junge „weer nich op'n
Kopp fullen" (war nicht auf den Kopf gefallen).

Kopp, wat een nich in'n Kopp hett …

„Was einer nicht im Kopf hat, muss er in den Beinen
haben." (Wat een nich in'n Kopp hett, mutt he in de
Benen hebben.) Dieser Spruch trifft auf Menschen zu,
die oft vergesslich sind und deswegen manche Wege
doppelt gehen müssen.

koppheister, auch kapeister und kapeuster

In der Grundschule ist eine Übung beim Bodenturnen die Rolle vorwärts. Dabei gilt: Kopf auf die Brust und dann mit Schwung über den Nacken in den Stand abrollen. Manche nannten es „kapeister schießen", andere „koppheister" oder „kapeuster" (Purzelbaum schlagen). Im Volksmund kennen wir diese plattdeutschen Wendungen im übertragenen Sinne: „He schütt mol mit koppheister." (Er trinkt gelegentlich einen über den Durst.) „Se is koppheister schaten gahn." (Sie hat Konkurs gemacht.) „Se schütt mit de Tung koppheister." (Sie stottert.) Woher das Wort „koppheister" kommt, ist nicht sicher belegt. Ein Deutungsversuch geht im zweiten Wortteil auf das französiche „hastier" und das mittelhochdeutsche „heistieren" (sich beeilen) zurück. Ein anderer sieht einen Zusammenhang mit der als diebisch bezeichneten Elster (Rabenvogel), die im Plattdeutschen Heister heißt und in der germanischen Mythologie als Unheilbotin gilt.

Kosenamen

Neben dem kleinen, allseit bekannten „Schietbüdel" seien hier einige weitere genannt:

Appelsnut	Apfelschnauze
Druuvappel	Traubenapfel, kleine, zusammengewachsene Äpfel
Bodderlicker	Schmetterling
Butscher	kleiner Junge
Büxenschieter	Hosenscheißer
Racker	Schlingel
Schietbüdel	Scheißbeutel
Wippsteert	unruhiges Kind (Bachstelze)
Wonneproppen	Wonnepfropfen(-korken), gut gelauntes Kind
Zuckersnut	Zuckerschnäuzchen

Diese Nomen begegnen uns im täglichen Sprachgebrauch in der Regel in Verbindung mit dem Adjektiv
„lütt, lüttje".

Koter bi'n Steert

Der Volksmund hat viele Tiere, besonders Haustiere, in
plattdeutschen Redewendungen verewigt. So auch den
Kater wie in der folgenden von Jürgen G. aus Breiholz:
„Nu hebbt wie den Koter bi'n Steert." (Nun haben wir
den Kater beim Schwanz.) Damit soll zum Ausdruck gebracht werden: „Jetzt haben wir es endlich geschafft!"
Meint jemand irrtümlich, etwas erreicht zu haben, heißt
es: „He meent, he hett den Koter bi'n Steert." (Er
glaubt, er habe den Kater beim Schwanz.) Die Erwartung, dass ein Ziel unter bestimmten Bedingungen erreicht werden könnte, steckt in folgendem Satz: „Wenn
wi den Koter man eerst op'n Böhn hebbt, denn kriegt
wi em ok in'n Sack." (Wenn wir den Kater erstmal auf
dem Boden haben, kriegen wir ihn auch in den Sack.)

krasne

Auf Fering heißt taufen „krasn", das bedeutet, der
Täufling wird mit dem Vorgang der Taufe zum Christen
gemacht. Für den Weihnachtsabend sagt man auf der
Insel Föhr entsprechend, „kraisinj" (Christabend), zu
den beiden Weihnachtstagen „iarst an naist krasdai"
(der erste und neue (zweite) Weihnachtstag).

Kried – Kreide, in der Kreide stehen

Wenn man jemandem mit auf den Weg gibt, er möge
noch „viel Kreide fressen", will man damit zum Ausdruck bringen, dass er sich in seinem Verhalten erheblich mäßigen, vor allem friedfertiger werden müsse. Das
spielt auf das Märchen vom Wolf und den sieben Geiß-

lein an, in dem der Wolf Kreide frisst, um dadurch eine zartere Stimme zu bekommen. Mit „Kreide" war allerdings nicht die bekannte Malkreide gemeint, vielmehr die „Kirschkreide", im Preußischen „Kirschmus", ähnlich süß wie der Honig. Bekannter sind die Redewendungen „bei jemandem in der Kreide stehen", oder „bei jemandem in die Kreide geraten" (verschuldet sein). Im Plattdeutschen heißt es dann: „Du büst bi em woll bannig in'e Kried." (Du stehst bei ihm wohl ordentlich in der Kreide.) Diese Wendung geht darauf zurück, dass die Wirte früher in ihren Gasthäusern die Schulden ihrer Gäste mit Kreide auf einer Tafel notierten.

krieg mi mol

Aus Schleswig kommt dieser Beitrag: „Wenn meine Frau Fisch vom Boot eines Holmer Fischers kauft, sagt sie: ‚Krieg mi mol en Pund Fisch.'" Dieses „krieg mi mol" ist hier offensichtlich im Sinne von „gib mir bitte mal" gemeint, obwohl das Verb „kriegen" (auch im Hochdeutschen) ursprünglich „bekommen" heißt. Wir kennen es aber auch als „etwas besorgen" (Ik heff noch wat in de Stadt to kriegen).

Krim, in'e

Die Redewendungen „dat is in'e Krim" (weit weg) oder „in de Krim gahn" (verlorengegangen) gehen auf den Krim-Krieg Mitte des 19. Jahrhunderts (1853/54–56) zurück, den die Länder Frankreich, Großbritannien, die Türkei, ab 1855 auch Sardinien, gegen Russland führten. Durch diesen Krieg ist die Krim, wie heute wieder, verstärkt in das Bewusstsein der Deutschen geraten, was man zum Beispiel an einigen Ortsnamen in Dithmarschen ablesen kann. „Krim" heißt/hieß eine inselartige Sandfläche in der Moorniederung um Glüsing sowie eine Stelle bei Schalkholz (beides Orte auf der Dithmarscher Geest). Auch Wohnungen in Westerdeichstrich bei Büsum sind nach der Krim benannt worden.

Kröpel

Der „Kröpel" ist ein „Krüppel", „verkrüppelter Mensch". Bei Bauernhäusern findet man häufig den „Kröpelgevel" (Krüppelgiebel) oder „Kröpelwalm" (Krüppelwalm). „Kröpel" wird auch ein verunglückter Pfannkuchen (Pannkoken) genannt, der beim Umwerfen in der Pfanne nicht glatt zu liegen kommt. In Hollingstedt an der Treene nannte man die kleine, einklassige „Klippschule", wie sie auch der große Dramatiker Friedrich Hebbel in Wesselburen besucht hatte, eine „Kröpelschool".

Krü(t)schmichel

Wenn jemand „krüsch" ist, in manchen Landesteilen wie Dithmarschen auch „krütsch", ist das einer, der keinen Käse mag, keine Paprika isst, keine Milch trinkt, keinen Fisch liebt und … Damit ist er ausgesprochen wählerisch, besonders beim Essen. Ein Krü(t)schmichel eben.

Kruut un Röven, as

Mein stets unaufgeräumtes Zimmer war Mutter ein Dorn im Auge, was sie mir bei jeder Gelegenheit unmissverständlich zu verstehen gab. Ein Bild „as Kruut un Röven" (wie Kraut und Rüben), durch- und übereinander. Vermutlich stammt die Redewendung aus der Landwirtschaft. Dort lagen die Rüben und die abgeschnittenen Blätter wahllos nebeneinander, bevor sie schließlich getrennt aufgesammelt wurden.

Kuddelmuddel

Wo und wann immer Wirrwarr, Unordnung und Durcheinander sichtbar werden, rufen Plattdeutsche und Hochdeutsche wie aus einem Munde „Wat för'n Kuddelmuddel!" oder „Was für ein Kuddelmuddel!".

Küscher (Kälber)

„Küscher" ist der Kosename für Kälber. Darauf machte uns Margret H. aus Kellinghusen aufmerksam. Entstanden ist dieser Name aus dem Lockruf „Küscher, Küscher", mit dem die Kälber auf der Weide herbeigerufen worden sind. Übrigens wurden früher alberne Mädchen als „Küscher-Kälber" bezeichnet.

kukerig

Bei kränklich und schwächlich ausehenden Menschen fällt schon mal die Bemerkung: „Wat sühst du blots kukerig ut." (Was siehst du bloß elend aus.) „Kukerjung" und „Kukerliese" sind Bezeichnungen für schwächliche, verzärtelte Kinder.

Laat di dat goot gahn

Gäste werden gern mit den Worten „Laat di dat goot gahn" (Lass es dir gut gehen) verabschiedet. Dieser Wunsch ist manchmal nicht mehr als eine Floskel. Wünscht man einem Bekannten nach überstandener Krankheit von Herzen alles Gute, heißt es: „Dat gah di goot!" (Es möge/es soll dir gut gehen.)

Laat sik nich lang nödigen

Das Verb „nödigen" ist im Folgenden im Sinne von auffordern, einladen zu verstehen. Bei Festlichkeiten ist es üblich, dass die Gäste mit den Worten „Laat sik nich lang nödigen, doot so, as wenn jüm to Huus sünd" (Lasst euch nicht lange nötigen, tut so, als wärt ihr zu Haus) zu Tisch gebeten werden.

labberig

Dieses Wort klingt wie ungetoastetes Toastbrot oder fades Bier und bedeutet schwach, geschmacklos, breiig. Es ist mit dem Flüchtlingsstrom nach 1945 aus dem Ostpreußischen in unseren Sprachgebrauch übergegangen und somit fester Bestandteil unserer norddeutschen Sprache geworden.

L

Das traditionelle Seemannsgericht Labskaus,
da läuft einem das Wasser im Munde zusammen.

Labskaus

Labskaus ist ein Gericht, das aus der Seeschifffahrt (im Englischen lobscouse) bekannt ist. Heute wird Labskaus in der Regel mit Rollmops, Gewürzgurke, Rote Bete und einem Spiegelei serviert.

Land, dat Land kümmt in't Huus

Im nordfriesichen Ostenfeld bei Husum auf der hohen Geest kennt man diesen Spruch: „Mudder, maak de Döör to. Dat Land kümmt in't Huus." (Mutter, mach die Tür zu, das Land kommt ins Haus.) Dieses Beispiel unterstreicht die metaphorische Kraft der plattdeutschen Sprache. Gerade in der heutigen Zeit angesichts zunehmender Trockenheit und Sandstürme ist der o. a. Spruch hochaktuell.

Lappen, dörch de Lappen gahn

„,Wat'n Schiet, nu is mi doch de Wisch achter'n Knick dörch de Lappen gahn!', reep de Buer." („So'n Mist, nun ist mir doch das Stück Weideland hinterm Knick durch die Lappen gegangen", rief der Bauer.) Sein Nachbar Fiete Ohm hatte frühzeitig von dem Versteigerungstermin Wind bekommen und ihm die begehrte Weide „vör sien Nees" (vor seiner Nase) weggeschnappt. Diese schöne Metapher „dörch de Lappen" entstammt der Jagdsprache. Früher wurden bei Treibjagden sogenannte Schrecktücher (Lappen) aufgehängt, die das Wild davon abhalten sollten, seitwärts auszubrechen. Geschah das dennoch, hieß es bei den Jägern: „So'n Schiet ok, de is mi doch dries dörch de Lappen gahn." (Der ist mir doch tatsächlich durch die Lappen gegangen.)

Lee hornen

Gustav J. aus Witzwort/Eiderstedt kennt noch die Bezeichnung „Lee" für die Sense. Sollte die einmal geschärft werden, wurde sie mit „Hoorspitt" und Hammer „gehornt". „Hoorspitt" nannte man den Amboss zum Dengeln, das heißt, das Blatt wurde auf den Amboss gelegt und mit dem Hammer gleichmäßig beschlagen (gedengelt).

lopen

Mit dem Verb „lopen" (laufen) verbinden sich viele anschauliche plattdeutsche Sprachbilder, die auch heute noch häufig Verwendung finden.

„Ik much geern noch'n beten mitlopen." (Ich möchte gerne noch ein bisschen mitlaufen, nicht sterben.)

„He lett em dormit lopen." (Er lässt ihn damit laufen.)

„He is ut de Holtschoh lopen." (Er ist aus den Holzschuhen gelaufen, ist gestorben.)

Lübecks Gänge

Schleswig-Holstein ist reich an kultur-historischen Stätten. Eine unter ihnen ragt heraus, die ehemalige „Königin der Hanse", die Hansestadt Lübeck an der Trave. Mit ihren sieben Kirchtürmen und der malerischen Altstadtinsel mit noch 90 von ehemals 180 Gängen ist sie ein absoluter Besuchermagnet. Zur Zeit der Hanse (12.–15. Jahrhundert) wurde Wohnraum immer knapper, da die Stadt Lübeck geradezu boomte und die von Wasser umgebene Altstadt sich nicht weiter ausdehnen konnte. Daher entschloss man sich, die Häuserfronten aufzubrechen und die Hinterhöfe durch schmale Gänge erreichbar zu machen. Dort wurden kleine, bewohnbare Buden gebaut. Die Gänge waren gerade mal so breit, dass ein Sarg hindurchgetragen werden konnte. Die Hanse war im Hoch- und Spätmittelalter ein Zusammenschluss der Kaufmannschaften innerhalb der Städte im gesamten Nord-Ostseeraum. Ihr Zweck war der Schutz vor räuberischen Übergriffen und die Stärkung des gemeinsamen Handels.

Der Garbereitergang – einer von ehemals 180 Lübecker Gängen

Lüüd, reisen

Elke R. aus Husby (Kreis Schleswig-Flensburg) kann „sprüttendull" (wütend) werden, wenn Menschen, mit denen sie es zu tun hat, ständig rumquengeln und an allem was auszusetzen haben. Und wenn diese dann am Ende ihre Mitarbeit einstellen, entfährt ihr schon mal der Satz: „Reisen Lüüd schall een nich opholen." (Reisende soll man nicht aufhalten.)

Lütt un Lütt

Wer früher in einer schleswig-holsteinischen Gaststätte, vornehmlich auf dem Land, diese Bestellung aufgab, bekam ein kleines Bier (0,1 Liter) und einen kleinen Köm, in Dithmarschen „Kümmel", (zwei Zentiliter) serviert. Beides wurde in der Regel gleichzeitig getrunken.

lumpen

Über großzügige Menschen weiß Hilde V. aus dem Tümlauer Koog (Nordfriesland) zu berichten: „Dat is en, de lett sik nich lumpen." (Das ist einer, der lässt sich nicht lumpen.) Das sagt man auch im Hochdeutschen. Der Lump ist im allgemeinen Sprachverständnis ein schlechter, gemeiner Mensch, auch Gauner genannt. Das Nomen ist abgeleitet vom mitelhochdeutschen „lumpe" (Lappen, Fetzen), also wenig wert.

Luurung

Hat eine Hausfrau in und um Bredstedt herum etwas gründlich reingemacht, heißt es schon mal: „Dat kriggt en Luurung." (Das bekommt eine Säuberung.) Der Begriff „Luurung" kommt wohl von „Luren" (Windeln), mittelniederdeutsch „lûder", bisweilen auch „Lür" für Windel und Wickelkleid. Dieses Beispiel zeigt uns erneut das Kraftvolle, Bildhafte des Plattdeutschen.

Maak, in de

Im Plattdeutschen antwortet man gern auf die Frage, ob etwas schon in Arbeit sei, mit dem Hinweis: „Dat is allens al in de Maak." (Das ist alles schon in der Mache.) Saß man gehörig „in der Klemme" oder „in der Patsche", jammerte man lauthals: „Dor sitt wi schön mit in de Maak." (Da sitzen wir aber ganz schön in der Sch…)

Malesche

In einem Blättchen für ältere Mitbürger finden wir eine Reihe französischer Relikte im Neudeutschen, die uns der aufmerksame Leser Gerhard R. zusammengestellt hat. Eins davon ist das Nomen „Malesche" wie in der Redewendung „Dor schallst du keen Malesche vun hebben" (Das soll dir keine Umstände machen). Zugrunde liegt diesem Wort das französische „malaise" (Unbehagen, Schwierigkeit) und geht wohl zurück auf die Zeit der Kontinentalsperre (1806–1813) durch napoleonische Truppen.

Mate

In früherer Zeit bezahlte man häufig mit Naturalien. Man spricht in diesem Zusammenhang von Tauschwirtschaft. Bares Geld war zumal für Bauern äußerst knapp. So wurde etwa der Müller für seine Arbeit nicht mit Geld entlohnt. Er behielt einen Teil des gemahlenen Getreides für sich, meist fünf bis zehn Prozent des Gemahlenen. Auf Fering – der friesischen Sprache der Insel Föhr – heißt das „Mate".

Mehlbüdel (Mehlbeutel)

Mehlbeutel, auch „Großer Hans" genannt, ist ein Gericht, das besonders in Dithmarschen üblich ist. Das Wort „Mehlbüdel" bezeichnet den zusammengebundenen Leinenbeutel, in dem die Mehlspeise, bestehend aus Eiern, Butter, Mehl und Milch, gegart wird.

Meisters Piep

Helga K. aus Kiel hat sich das folgende Motto für einen gelungenen Tag zu eigen gemacht: „Meisters Piep de seggt blots „paff", sett di dal un tööv man af." (Meister Pfeife sagt nur „paff", setz dich nieder und warte ab.) Sie will damit sagen, dass sie sich bei allem Tun niemals aus der Ruhe bringen lassen will.

Mess, vör't

Wenn es in Dithmarschen in früheren Zeiten, besonders in Hungerzeiten, mal wieder ein gutes, reichhaltiges Essen geben sollte, hieß es: „Vundag gifft dat örnlich wat vör't Mess." (Heute gibt es ordentlich was vor's Messer.) „Mess" (Messer) deutete darauf hin, dass es ein Fleischgericht geben würde.

Mettwust, mit de

Bei der Verfolgung persönlicher, wirtschaftlicher oder politischer Ziele verhalten sich viele Menschen wie Angler: Sie werfen einen minderwertigen Köder aus, um ein höherwertiges Gut (Fisch) zu fangen. Jürgen G. aus Breiholz am Nord-Ostsee-Kanal kennt hierfür die folgende plattdeutsche Redewendung: „He smitt mit de Mettwust na den Schinken." (Er wirft mit der Mettwurst nach dem Schinken.)

Minsch, en liedsame

Das ist ein verträglicher Mensch, mit dem man gut zurechtkommen kann, den man gut leiden kann, der eben „liedsam" ist.

Mööschen

Aus Sterup in Angeln schreibt uns Ingeborg O.: „In mien Goorn wasst vele Mööschen." (In meinem Garten wächst viel Waldmeister.) Sie betont, dass sie das Wort folgendermaßen ausgesprochen kennt: Möö-schen, nicht Möös-chen.

Moin, Moin

Das ist in Schleswig-Holstein, auch in Südjütland, ein gebräuchlicher Gruß, der zu jeder Tages- und Nachtzeit an Bekannte und Freunde gleichermaßen gerichtet wird. Das Wort stammt von dem ostfriesischen „Mojen Dag" und heißt „Schönen Tag".

Monarch

„Dat is ok so'n Monarch!" (Das ist auch so ein Monarch!) Damit meint man abfällig einen verwahrlosten, heruntergekommenen Menschen, in früheren Zeiten Landstreicher, Vagabunden, aber auch Erntehelfer.

Mors, keen (keinen Hintern)

Die plattdeutsche Sprache ist bekannt für ihre Bildhaftig- und Unmittelbarkeit, aber auch Derbheit, die im Volksbewusstsein in den meisten Anwendungen allerdings nicht als anstößig empfunden wird. Von einem Menschen, der saft-, kraft- und mutlos ist, sagt man: „De hett keen Mors in de Büx." (Der hat keinen Hintern in der Hose.) Ist jemand bei einer Untat ertappt worden, „hebbt se em bi'n Mors kregen" (haben sie ihm beim Hintern gekriegt). Und ist er am Ende gestorben, „hett he den Mors toknepen" (hat er den Hintern zugekniffen).

Muckefuck

Die älteren unter uns erinnern sich, teils mit Grausen, an dieses plörige Bohnenkaffeegetränk in den Nachkriegsjahren. Woher stammt der Begriff „Muckefuck"? Die Annahmne, er sei aus dem französischen „mocca faux" (falscher Mokka) eingedeutscht worden, wird durch eine andere Erklärung infrage gestellt: Im Rheinischen sagt man für braune Stauberde und verwestes Holz „Mucken", „fuck" steht für „faul". Dieser Deutung für den „dünnen Kaffee" kann man eher folgen.

Muckefuck: Die zum Ersatz der Kaffeebohne verwendeten Pflanzen enthalten kein Koffein.

Müüsmelken, to'n (Mäusemelken)

Versuchen Sie mal, eine Maus zu melken. Sie werden schnell verzweifelt feststellen, dass das zum „Mäusemelken" (Müüsmelken) ist, „to'n Hoorutrieten (Haareausreißen), einfach zum Verrücktwerden. Im übertragenen Sinne ist damit gemeint: Was immer ich tue, unternehme, versuche, es ist von vornherein zur Erfolglosigkeit verdammt, wie eben das „Mäusemelken".

Muus, dor bitt de Muus keen Faden vun af

Nach dem Plädoyer von Verteidigung und Anklage in einem mittelschweren Raubüberfall auf die Filiale einer Genossenschaftsbank auf dem Lande verkündet der Richter das Urteil. Die Beweislage sei eindeutig, an der Schuld des Angeklagten gebe es nicht den geringsten Zweifel. Mit den Worten „Dor bitt de Muus keen Faden vun af" (Da beißt die Maus keinen Faden ab), schloss er, ein gebürtiger Plattdeutscher, die Verhandlung. Er meinte, das Urteil sei unabänderlich, daran sei nicht zu rütteln.

Es gibt unterschiedliche Versuche, die Entstehung dieser Redensart zu erklären. Da gibt es zum Beispiel die Fabel vom Löwen und der Maus. Der König der Steppe hat einmal in einem Anflug von Großmut ein Mäuslein verschont, das sich daraufhin, als der Löwe in ein Fangnetz geraten war, revanchierte, indem es die Stricke zerbiss. Einleuchtender ist wohl die Erklärung eines Schneiders gegenüber einem Kunden, dass der teure Stoff für einen Anzug bei ihm so sicher gelagert sei, dass selbst Mäuse davon keinen Faden abbeißen könnten.

Wenn eine Geschichte zum wiederholten Male erzählt und in allen Varianten „durchgekaut" worden ist, dann ist sie „uralt" und damit uninteressant. Das gilt insbesondere für das Medium Fernsehen, wenn ein Film mehrfach hintereinander gezeigt worden ist. Dann entfährt der Familie H. aus Husum schon mal der Ausruf „Nu hol aver op, dat is doch en Stück ut de Muuskist!" (Mäuse- auch Mottenkiste).

N

Neihdeern

Willi H. aus Husum weiß noch ganz genau, dass früher in seinem Heimatort Großenwiehe im Kreis Schleswig-Flensburg an bestimmten Tagen „de Neihdeern" (das Nähmädchen) auf Bauernhöfe und in größere Haushalte kam, um dort einen ganzen Tag lang alte Keider „ümtoneihen" (umzunähen). Hierin steckt das Verb „neihen" (nähen). Manchmal sollen diese „Deerns" ganz schön „geprüünt", also nachlässig gearbeitet haben.

nestriep

In Hohenhörn am Nord-Ostsee-Kanal kennt man diesen Ausspruch, wenn jemand, besonders kleine Kinder, soeben aus dem Schlaf erwacht und noch nicht ganz „bei sich" ist: „De is noch nich ganz nestriep." (Der ist noch nicht ganz nestreif.) Wir sehen, dem Volksmund gelingen immer wieder wunderschöne, anschauliche Redensarten.

Nis Puk

So heißt die wohl bekannteste nordfriesische Sagengestalt, ein Hauskobold. Er verkörperte schicksalhafte Fügungen wie Glück und Unglück.

nöömt, nich

Auf dem Lande gibt es bekanntlich seit Urzeiten den berühmt-berüchtigten Kaffeeklatsch. Dazu wurde und wird jeweils von Hof zu Hof und von Haus zu Haus eingeladen. An diesem Mittwoch ist es mal wieder soweit. Als Enkel Willi von der Arbeit heimkehrt, findet er seine Großmutter ganz „bedrüppelt" (betrübt) in ihrem Ohrensessel sitzen. „Ich denke, du bist beim Kaffeeklatsch von Emmi Carstens?", fragt er seine Oma. Mit Tränen in den Augen antwortet sie: „Ik weer jo nich nöömt." (Ich war ja nicht namentlich eingeladen.)

nü rään

Von Prof. Dr. Thomas Steensen aus dem Nordfriisk Institut in Bredstedt erreichte uns dieser friesische Beitrag: „Nü rään, fet föö'n eers." (Nun renne, Füße vor'm Hintern. Nimm die Füße in die Hand.)

Nüst, auch Nüss geven

Dieses Nomen ist dem dänischen „Nys" entlehnt und bedeutet Wink, Zeichen. Der Ausdruck ist nur noch in einigen wenigen Landkreisen gebräuchlich.

Nu is ihn weg

Als die Kleinbahn von Flensburg nach Kappeln eingestellt und die Nordstraße in Betrieb genommen wurde, hatte ein Witzbold ein Schild an der Endstation in Flensburg aufgehängt, auf dem stand: „Nu is ihn weg, der Kleinbahn, man fehlt ihn doch." Ein herrliches Beispiel aus dem der dänischen Sprache entlehnten Petuh-

Petuh-Tanten-Dampfer auf der Flensburger Förde

Deutsch. Petuh ist nur in Flensburg eine gebräuchliche Sprache, eine Mischung aus dänischem Satzbau mit hochdeutschen Wörtern. Zumeist ältere Damen trafen sich vor dem Ersten Weltkrieg regelmäßig zu Ausflugsfahrten mit dem Dampfer Alexandra auf der Flensburger Förde. Ihre Jahresdauerkarten hießen „Partoutkarten" (aus französich partout = überall). So hießen die Damen schnell „Petuhtanten".

nusseln

Einer, der zaudert, nicht von der Stelle kommt, langsam und unordentlich arbeitet, vor sich hin nusselt, ist ein Nussler. Dazu gibt es Scheltwörter für langsame, unordentliche Menschen wie: Nusselkatrin, Nusselliese, Nusselpeter, Nusselpussel, Nusselpuus, Nusselputt. Das Adjektiv „nussig", teils auch „nuschig", bedeutet demzufolge unordentlich, schmutzig.

Odde

Das ist eine Landspitze oder ein Vorsprung, zum Beispiel Hörnum-Odde oder Amrum-Odde. Das Wort stammt aus dem Dänischen.

överspöönsch, överspönig

„De is di villicht överspöönsch", sagt man über Menschen, die überspannt, hochnäsig oder eingebildet sind. Spönig ist die adjektivische Bezeichnung für Holz, das sich wegen seiner schrägen Faserung oder vieler Knüste nicht hobeln lässt. Übertragen auf Menschen ist damit gemeint, dass sie einen Span (Spön) zu viel haben, manchmal über das Ziel hinausschießen, zu exaltiert oder ein wenig verschroben sind.

Diese Luftaufnahme zeigt die Hörnumer Odde auf Sylt.

ooltbacksch

Dieses Adjektiv ist uns aus Nortorf zugeschickt worden. Wir kennen es in der folgenden Wendung als „altmodisch" und „altklug".

„De Jung snackt afsünnerlich ooltbacksch. Will doch an't End nich Paster warrn." (Der Junge spricht fürchterlich altklug, will doch am Ende nicht Pastor werden.)

Oostenbohnaarn

Die Sprache auf dem „platten Land" war verstärkt ausgerichtet auf die unmittelbaren Bedürfnisse der hier lebenden Menschen. Bezugspunkte waren im Wesentlichen Landwirtschaft und Wetter. Wo Begriffe fehlten, gab es Wortneuschöpfungen wie diese. Wenn zum Beispiel im Herbst eine trockene Ostwindwetterlage herrschte und die verspätete Bohnenernte gerettet werden konnte, sagte der Vater von Rosalene V. aus Wewelsfleth an der Stör: „Wi hebbt Oostenbohnaarn." Dieses Kompositum besteht aus dem Nomen „Oosten" (Osten), „Bohn" (Bohne) und „Aarn" (Ernte), heißt also auf Hochdeutsch „Ostenbohnenernte".

Orgeldreiher/Orgeldreher

In manchen Gegenden unseres Landes begegnet man an Wochenenden und auf Frühjahrs- und Herbstmärkten auffällig gekleideten Menschen. Ihr Erscheinungsbild: schwarzer Frack, schwarzer Zylinder. Vor sich her schieben sie eine Drehorgel, auch Leierkasten genannt. Dabei drehen sie mit der Hand eine Kurbel, die im Inneren des Kastens ein Pfeifenwerk zum Klingen bringt, das einer Orgel ähnelt. Daher auch „Orgeldreiher" (Orgeldreher). Die Zahl der Töne ist unterschiedlich, ca. zwölf bis 45 sind es in der Regel, und sie bestimmt damit Qualität und Vielfalt der Lieder. Da die ständige

Kurbelarbeit sehr anstrengend ist, übernimmt immer häufiger ein Mikrochip die elektronische Steuerung.

Wiederholtes Spielen eines Liedes wird oft als Überdruss empfunden, als eintönig, im übertragenen Sinne als abgedroschen, monoton und damit wirkungslos. So erklärt sich der Name Leierkasten als leierig, abgeleiert oder als alte Leier. Das empfinden die Spieler nicht so, denn vielen Menschen bereiten sie mit ihren Liedern Freude. Zudem werden dabei Spenden für gemeinnützige Einrichtungen gesammelt.

Zurück geht das Wort Leier auf das griechische „Lýra". Das ist der Name eines vier- oder siebensaitigen Zupfinstruments.

Ostern, ein bisschen was ...

Um das Jahr 1800 herum hat es in unseren Landesteilen statt Ostern „Paaschen" geheißen (vom Lateinischen pascha = „Passahfest"). Im Dänischen finden wir „Paaske", im Friesischen „Paarsk", im Französischen „pâques". Der heutige Begriff hat sich entwickelt aus „austro" (gallo-fränkisch) und hieß „Morgenrot" und aus dem Althochdeutschen „ostarum". Eine Frage: Warum liegt Ostern immer auf einem anderen Tag? Ostern wird am ersten Sonntag nach dem ersten Vollmond, der auf den Frühlingsanfang folgt, gefeiert. Hier sind ein paar Redewendungen in Verbindung mit dem Pfingstfest:

„Nun fallen Ostern und Pfingsten auf einen Tag", sagte der Schuster, als er ein Paar Strümpfe zu besohlen bekam.

Wenn sich jemand tüchtig freut, wird auch schon mal gesagt: „Er sieht aus, als ob Ostern und Pfingsten auf einen Tag fallen."

Einem fleißigen Menschen wurde zugerufen: „Er schont weder Ostern noch Pfingsten."

Paas, auch Poos

Der Begriff „Paas"/„Poos" bezeichnet nicht nur einen Beutel, sondern in einigen Landesteilen wie Schleswig-Flensburg und Dithmarschen auch einen kleinen Sack, in der Gegend um Bad Segeberg herum gar eine Tasche. Im Friesischen, so auf den Inseln Sylt, Föhr und Amrum, spricht man von „Pöös". Das Wort „Paas" geht auf das mittelhochdeutsche „phose" (kleiner Sack) zurück.

pannebratsch

Dieses Adjektiv ist irrtümlich mehrfach im Zusammenhang mit „Pann" (Pfanne) als ein schleswig-holsteinisches erklärt worden. Jürgen Pinnow aus Westerland auf Sylt hat aber nachgewiesen, dass es niederpreußischen Ursprungs und in Danzig viel verwendet worden ist. Es gehört eindeutig zu polnisch „pan" (Herr) und „brat" (Bruder) und bedeutet intim, dick befreundet sein. Nachzulesen ist das in Jürgen Pinnows „Tausend Worte Danzigerisch", 3. Auflage, Westerland.

Pantüffel, ünnern

Wenn Hannes die Stammtischrunde pünktlich „Klokkenslag acht" verließ, weil er angeblich noch Wichtiges zu erledigen hatte, wusste ein jeder, dass er bei seiner Else zu erscheinen hatte. Pünktlich auf die Minute. „En Pantüffelheld, as he in't Book steiht." (Ein Pantoffelheld, wie er im Buche steht.) Der Pantoffel war früher die typische Fußbekleidung für Hausfrauen. Bei ehelichen Auseinandersetzungen konnte sich die Ehefrau mit diesem „Gegenstand" gut der Zudringlichkeit des Ehemanns erwehren. So konnte dieser schnell „unter den Pantoffel" (ünnern Pantüffel) geraten.

Papp, nich vun

Wenn es im Hochdeutschen von einem Menschen heißt, der sei „nicht von Pappe", im Plattdeutschen „nich vun Papp", dann ist damit weder Teerpappe noch Kartonpappe gemeint. Vielmehr eine kräftige Person, die vor einer anspruchsvollen Aufgabe steht. Beides, Person und Aufgabe/Herausforderung, „sind nicht von Pappe". „Pappe" oder „Papp" im Plattdeutschen nannte man früher den Kleine-Kinder-Brei der armen Leute. Wer hingegen mit nahrhaften, kräftigen Speisen aufgewachsen war, der „war nicht von Pappe" (weer nich vun Papp), also gesund und stark und nicht zu unterschätzen.

Pass, nicht gut zu Pass sein

Trifft man Bekannte zu einem morgendlichen Klönschnack und erkundigt sich nach ihrem Befinden, hört man häufig: „Hab es heute nicht gut, bin nicht gut zu Pass." Plattdeutsch: „Ik bün jüst nich goot to Pass." Mit „Pass" ist zunächst der Schritt, Gang gemeint, aber auch das rechte Maß und die rechte Weise. In Angeln kennt man auch die Wendung „Ik bün Schiet to Pass" (Ich bin schlecht zuwege). Kommt einem etwas sehr gelegen, heißt es: „Dat kümmt mi jüst goot to Pass." (Das kommt mir gerade recht.)

Paster sien Katt

Karola S. aus Glücksburg erinnert sich an den folgenden Ausspruch ihrer Schwiegermutter, der immer dann fiel, wenn sie jemandem einen Gefallen getan und dafür „nur" ein knappes Dankeschön erhalten hatte. „Dor starvt den Paster sien Katt vun." (Davon stirbt des Pastors Katze.) Damit hatte sie offenbar zum Ausdruck bringen wollen, dass ihr ein Dank in Form einer Zuwendung lieber gewesen wäre. Wie: „Das kannst du dir an den Hut stecken."

perren – pedden

Der trockene Humor, der dem Plattdeutschen neben
einer offenbar angeborenen Wortkargheit nachgesagt
wird, wird von Hannelore M. aus Jübek (Kreis Schleswig-Flensburg) mit den folgenden Worten treffend beschrieben: „Wenn es im Sommer schwül-warm ist,
kommen diese lästigen kleinen Gewitterfliegen. Sie ärgern uns oft, und mein Vater sagt dann: „De perrn (ped-
den) so hart." (Die treten so hart.)

Pesel

Das ist die beste Stube eines nordfriesischen Hauses. Sie
wurde vor allem für Feiern genutzt. Hier wurden auch
die Toten aufgebahrt.

Blick in die beste Stube, den Pesel, eines wohlhabenden Nordfriesen

Petritag

Am 22. Februar eines jeden Jahres erinnern die Nordfriesen an die Erhebung des heiligen Petrus auf den Bi-
schofsstuhl in Antiochien. Der Tag heißt im Friesischen
„Pedderdai" (Petritag). Am Vorabend wird das „Biikebrennen" gefeiert.

Pharisäer

Der Pharisäer ist ein besonders auf der nordfriesischen
Halbinsel Nordstrand beliebtes Getränk. Heißem Kaffee wird ein Schuss Rum mit einer Haube Schlagsahne
beigegeben.

Nicht nur bei Schietwetter gern getrunken, der Pharisäer

piattig, piatig

Aus dem deutsch-dänischen Grenzgebiet um Neunkirchen herum stammt das Adjektiv „piattig", das dänischen Ursprungs ist. Im Plattdeutschen heißt es abgeändert „piatig", wenn einer nicht weiß, was er will. Mit „Piat" bezeichnet man aber auch einen dröhnigen, unzufriedenen Menschen.

Piel, pielig

Grete P. aus Mildstedt bei Husum ist geübt im Rupfen von Gänsen, vor allem in der Vorweihnachtszeit. „De dore Goos hier", sagt sie und zeigt auf ihren Schoß, „de is vull vun Pielen, bös pielig." („Diese Gans hier", sagt sie und zeigt auf ihren Schoß, „ist voll von Federkielen.") Das bedeutet, dass sie sehr lange nachpulen muss. „Pielen" sind die Federkiele. Wenn jemand „piel op in't Bett sitt", sitzt er kerzengerade, aufrecht im Kreuz.

Pisspott

„Dat is em nich in de Weeg leggt worrn" (Das ist ihm nicht in die Wiege gelegt worden), dass er einmal aus dem „Pisspott" (aus ärmlichen Verhältnissen) heraus zu einem der führenden Politiker des Landes aufsteigen würde. „Pisspott" hieß der Nachttopf bei den einfachen Leuten auf dem Lande, in einer Zeit, als es noch keine Toiletten gab (pissen = Wasser lassen).

plachandern

Schön, dass wir wieder einmal in die ostpreußische Schatzkiste greifen können. So erzählt uns Frieda S. aus Eutin, sie „plachandere" gern, und meint damit, dass es ihr Spaß mache, sich bei Kaffee und Kuchen mit den Nachbarn zu unterhalten.

Jedermann im Dorf wusste, dass Inge und Hans ein
Paar waren, schließlich war es auch optisch nicht mehr
zu übersehen. Und wie die beiden herumturtelten! Als
das Getuschel kein Ende nehmen wollte, fasste sich
Hans eines Abends ein Herz und meinte, prosaisch-
nüchtern: „Man Inge, wi köönt uns Plünnen nu woll to-
samensmieten." (Wir können unsere Klamotten wohl
nun zusammenschmeißen.) Ein Heiratsantrag nach
norddeutscher Art.

Plünnentüüch

Ein Ehemann von der Westküste hatte vor einem Gericht geklagt, dass seine Frau von morgens bis abends
immer nur in einem altbackenen Nachthemd herumlau-
fen würde, selbst beim Kochen am Herd. Wie leicht
könnte „so'n Plünnentüüch" Feuer fangen. Das ginge
ihm zu weit. Die Klage wurde an die nächsthöhere In-
stanz weitergegeben und landete schließlich vor dem
Europäischen Gerichtshof in Luxemburg. Der gab dem
närrischen Ehemann mit den folgenden Worten am
Ende das Nachsehen: „Ein Kleidungsstück ist dann ein
Nachthemd, wenn es nach seinen objektiven Merkma-
len dazu bestimmt ist, ausschließlich oder im Wesentlichen im Bett getragen zu werden. Nachthemden können
allerdings auch zu anderen Zwecken getragen werden."

Plünnenschooster

Offenbar haben früher viele Menschen unangenehme
Erfahrungen mit dem doch ehrbaren Schusterhandwerk
gemacht. Das spiegelt sich besonders deutlich in dem
herabsetzenden Kompositum „Flickschusterei" (Plün-
nenschoosterie) wider, wenn etwa im Handwerk unsau-
ber gearbeitet wird.

Polder

Ein Polder, auch „Goden" oder „Heller" genannt, ist eingedeichtes Marschland. Wir nennen es auch „Koog". Der Begriff stammt vom englischen „polder" = eingedeichte Niederungen.

Pott

In einem landwirtschaftlichen Ausbildungsbetrieb spielte sich vor Jahrzehnten folgende Szene ab: Der weibliche Lehrling bekam eines Tages den Auftrag: „Holen Sie doch mal aus dem Keller den Liek-op-un-dal-Pott" (Gleich-rauf-und-runter-Topf). Die Auszubildende muss wohl ein ratloses Gesicht gemacht haben, deshalb wiederholte die Lehrfrau diesen seltsamen Begriff. Dabei hielt sie ihre Hände parallel vor ihrem Körper und bewegte sie auf- und abwärts. Das Lehrmädchen fand tatsächlich das Richtige, einen Steinkrug, dessen Öffnung so weit war wie der Umfang des Bodens. Als Adjektiv bedeutet „liek" gleich, ähnlich, gerade, nicht zu verwechseln mit dem gleichklingenden „Liek" (Leiche). Sieht jemand einem anderen ähnlich, sagt man: „He süht em liek." (Er sieht ihm ähnlich.)

Pottschorn

Wenn früher eine Schüssel oder ein Topf zu Bruch gegangen war, bekam die Schuldige zu hören: „Deern, wat'n Malöör, kumm gau un feg de Pottschorn weg." (Deern, was für'n Unglück, komm schnell und feg die Topfscherben weg.) „Schorn" sind die Scherben, „Pott" der Topf. „Schor" ist aber auch als Pflugschar bekannt.

Der Hauke-Haien-Koog – eingedeichtes Marschland (Polder)

Praat

Nach einem vergnügten, angeregten Damenkränzchen erreichen uns diese Zeilen: „Wat harrn wi blots för'n gude Praat." (Was hatten wir nur für eine gute, tolle Unterhaltung.) Der Name „Praat" bedeutet so viel wie Gerede, Geschwätz. Eine Nähe zum Adjektiv „praat" (bereit sein) ist nicht belegt, dafür aber die Tatsache, dass es sich bei dem Damenkaffee keineswegs um Geschwätz gehandelt habe.

Priel

Priele sind mehr oder weniger flache Rinnen im schleswig-holsteinischen Wattenmeer, in denen während der Gezeiten (Tide) die Wasserströme ein- und auslaufen.

Wanderung entlang eines Priels im Weltnaturerbe Wattenmeer

profoss, auch prefoss, friesisch profos

Mit dem Adjektiv „profoss" bezeichnet man im Plattdeutschen einen Menschen, der kurz angebunden und
herrisch ist. Im Friesischen finden wir, fast wortgleich,
mit „profos" die Entsprechung „aufgeblasen". Eine Ab-
leitung aus dem Französischen „par force" (durch
Kraft), offenbar aus der Zeit der Kontinentalsperre
durch Napoleons Truppen (um 1810), bietet sich an.
Dazu auch das Adverb „prefoss" in der folgenden Wendung: „He keem em prefoss an." (Er fuhr ihn unwirsch
an.)

Prüterbüdel

In dem Kompositum stecken das Verb „prütern" (unordentlich, nachlässig arbeiten) und das Nomen
„Büdel" (Beutel). Gemeint ist ein Mensch, auf dessen
Aussagen man sich nicht verlassen kann. Wenn die
Plattdeutschen sich abfällig über einen anderen äußern
wollten, hängten sie häufig an das Ende eines Wortbil-
des ein „-büdel" (Knickerbüdel = Geizhals, Dröhnhbü-
del = Schlafmütze, Braschbüdel = Großmaul).

pudeln, pudelig, Pudel

Oh, wie konnte Oma „füünsch" werden, wenn ihre lie-
ben Enkelkinder ungekämmt durch das Haus tollten.
„Deern, wat sühst du vundag wedder pudelig ut" (Mädchen, was siehst du heute wieder unordentlich aus), rief
sie dann und fuhr (pudelte) mit ihren Fingern der Un-
glücklichen durch das wirre Haar. Es musste schließlich
bei den Plattdeutschen, wie wir an anderer Stelle erfahren haben, alles und zu jeder Tageszeit „schier" (ordentlich) sein. Adjektiv und Verb gehen auf das Nomen
„Pudel" zurück. Damit ist nicht nur der Name der aus
dem 18. Jahrhundert bezeugten Hunderasse gleichen

P

Namens gemeint. Bei den Keglern „smitt ener en Pudel"
(wirft einer einen Pudel), „wenn he vörbismitt" (wenn
er vorbeiwirft), also einen Fehlwurf hat. Trifft er „alle
Neune", geht es ihm „pudelwohl". Am Ende des außer-
ordentlich schweißtreibenden Kegelns sind dann alle „pu-
delnass" (pudelnatt). Offenbar geht dieses Sprachbild
auf das lautnachahmende „pudeln im Wasser" (plät-
schern) zurück, da der Hund gern im Wasser planscht.

Püün, in‘e

Ein Pastor im Ruhestand aus Glückstadt erinnert sich
an diese anschauliche Unterhaltung: „Na, Paster, hest
dien Hoor in‘e Püün hatt?" (Na, Pastor, bist du beim
Frisör gewesen?) Dem Nomen „Püün" liegt das Verb
„pünen" = Bäume kappen zugrunde.

pütschern, pütscherig

Wenn jemand pütscherig ist, ist er kleinlich, langsam
und pedantisch. Pütschert man mit Wasser, Milch oder
Sahne herum, vergeudet, verschwendet man etwas.

Puschen

„Komm in die Puschen!" Puschen – das ist die nord-
deutsche Umschreibung für den (hinten geschlossenen)
Hausschuh. Und der Spruch steht für so viel wie „Beeil
dich!".

pusseln

Unter „pusseln" versteht man im Plattdeutschen wie im
Hochdeutschen geschäftig sein, ohne dabei etwas Rech-
tes zu schaffen. Über leichte, unwichtige Arbeit heißt es:
„Dat is Pusselkraam oder Pusselarbeit." Im Friesischen
kennt man den Begriff „pusle, pysle", im Dänischen
ebenfalls „pusle".

Putt un Pann (Topf und Pfanne)

„Putt un Pann" war früher die Gesamtbezeichnung für „Küchengeräte". Wurde über einen ärmlichen Haushalt gesprochen, hieß es: „Se hebbt nich Putt noch Pann." Wollte man Freundschaft, Einigkeit oder Liebe zum Ausdruck bringen, sagte man: „De Putt is warm twüschen de Beiden." (Sie sind unzertrennlich.)

Puuch

Hans R. aus Itzehoe wurde als Kind, wenn er schlafen gehen sollte, mit den Worten „Gah man gau in'e Puuch" ins Bett geschickt. „Puuch" leitet sich vom mittelniederdeutschen „puche, pughe" (Bett, Oberbett) ab.

R

rallögen

Wenn der Mittagsschlaf nahte, zog sich Großvater oft mit der Bemerkung zurück: „Ik mutt nu eersmol en beten rallögen." (Ich muss nun erstmal ein Schläfchen machen.) Rallögen bedeutet so viel wie die Augen verdrehen, sich ziellos hin und her bewegen. Etwa dann, wenn jemand mit der Müdigkeit kämpft, die Augen kaum geöffnet halten kann, mit den Augen rollt. Das Verb finden wir auch im mecklenburgischen Platt („Ik möt jetzt een bäten rallögen"). Im Jahr 2013 wurde dieser niederdeutsche Begriff zum schönsten plattdeutschen Wort des Jahres gewählt. Für die Jury bedeutete er „besinnungslos und schlaftrunken die Augen verdrehen".

Riet, rieten

Wenn Saufbolde (Suupbütten) die Köömflasche am Hals haben, kann es schon mal heißen: „Mann in de Tünn, in de dore Köm, dor sitt Riet in." (Donnerwetter, ist der Schnaps aber stark.) Das Nomen „Riet" bedeutet so viel wie „Kraft" und hat sich aus dem Verb „rieten" (reißen) entwickelt. Auf Eiderstedt kennt man die Redewendung „Dor is Riet um de Stintwaag" (Streit um die Stintwaage), wenn die Töchter des Hauses mehrere Bewerber haben. In diesem anschaulichen Beispiel werden die Töchter mit Stinten verglichen. Der Stint ist ein 15–18 Zentimeter langer Fisch, der vor allem an der Nordseeküste im Frühjahr gern als Speisefisch verzehrt wird.

Das Rotauge, auch als Plötze bekannt, ist ein schmackhafter Fisch.

Rittaal, op

Aus Elsdorf-Westermühlen im Kreis Rendsburg-Eckern-förde ist uns dieser Spruch zugesteuert (tostüert) worden: „Nu sitt ik hier op Rittaal un keeneen kummt." Mit „Rittaal" ist das Rotauge, auch Plötze, gemeint, ein schmackhafter Fisch. Die Metapher soll zum Ausdruck bringen, dass es ärgerlich ist, wenn man sich fühlt wie „bestellt und nicht abgeholt".

Rit(t)eraasch, op de

Aus Witzwort von der Halbinsel Eiderstedt kommt diese Redewendung: „Wi gaht op de Rit(t)eraasch." Das sagten früher die jungen Leute erwartungsvoll, wenn sie loslegen wollten, sich zu amüsieren, zu vergnügen, zum Feiern. Rit(t)eraasch ist französichen Ursprungs und hat sich aus dem Verb „se retirer" (sich zurückziehen) gebildet. An diesem Nomen wird der sprachliche Einfluss während der Kontinentalsperre (1806–1813) durch die napoleonischen Truppen deutlich.

Rulle – Ralle

Elke M. aus Flensburg bekam von ihrer Großmutter des Öfteren, wenn sie unordentlich gewesen war und ihr Zimmer nicht aufgeräumt hatte, zu hören: „Deern, wat büst du hüüt blots för en Rulle-Ralle." (Mädchen, was bist du heute nur unordentlich.)

Rummelpott

Rummelpott heißt der mit einer Schweinsblase überzogene Topf, in dem ein Stock befestigt ist und mit dem man durch Reiben einen brummenden Ton erzeugen kann. Dieses Musikinstrument wurde und wird beim Rummelpottlaufen benutzt, einem in Norddeutschland und Dänemark verbreiteten Silvesterbrauch, bei dem auch heute noch verkleidete Kinder von Haus zu Haus ziehen, Rummelpottlieder singen und um Süßigkeiten bitten.

rusig – rusen, auch ruuschen

Uschi P. aus Kellinghusen, aufgewachsen in Ostholstein, erinnert sich an diesen Spruch ihrer Oma: „Maak de Döör to, dat is rusig buten." (Mach die Tür zu, draußen ist es kalt und ungemütlich.) Das Adjektiv „rusig" ist abgeleitet vom Verb „rusen" (rauschen, brausen).

Sabbelbüdel

S

Es gibt Menschen, die gern und viel reden, ein flinkes Mundwerk haben, gelegentlich auch „Sabbelbüdels" genannt werden. Manchmal soll der Redefluss mit der Aufforderung „Nun halt mal deinen Sabbel" (Nu hol mol dien Sabbel) beendet werden. Wenn einem beim Sabbeln der Speichel fließt, heißt es vielerorts auch „er säbert".

satt, ich bin

Mit dem folgenden Beitrag aus Arnis an der Schlei, der kleinsten Stadt Deutschlands, bekommen wir einen kleinen Einblick in familiäre Gepflogenheiten. Innerfamiliär gilt folgender Spruch: „Ik bün satt, un Jann is ok satt." (Ich bin satt, und Jann ist auch satt.) Ein Onkel einer angeheirateten Tante, eben dieser Jann, musste mit dem Essen aufhören, wenn seine Frau satt war, gar pappsatt.

Sau, wie eine gesengte

Der Autofahrer, der mit Tempo 140 km/h über die Landstraße bretterte, wurde von Bauer Jürgens umgehend mit den Worten „De is as en ansengte Söög bi uns vörbibreedert" (Der ist bei uns wie eine angesengte Sau vorbeigebrettert) bei der örtlichen Polizeistation gemeldet. „Meent, he kann hier op't platte Land wille Söög spelen!" (Meint, er könne hier auf dem platten Land wilde Sau spielen!)

Schandudel

Wenn es dem Schulmeister auf dem Lande zu laut im Klassenzimmer wurde, drohte er den Rabauken schon mal mit den Worten:

„Wenn jüm nich foorts opholt mit den doren Larm, kriegt jüm orrig wat an'n Schandudel." (Wenn ihr nicht sofort mit diesem Lärm aufhört, kriegt ihr ordentlich was auf die Mütze.) Damit zeigte er dann auf den Kopf. Gelegentlich variierte er und ersetzte den „Schandudelkasten" durch „Riestüten", „Batterie" oder „Prüük" (Perücke). Zum Vollzug der Androhung soll es jedoch niemals gekommen sein, erinnern sich Schüler Jahre später anlässlich eines Klassentreffens.

Schapptüüch

Das Wort „Schapptüüch" (Sonntagskleidung) setzt sich aus dem Nomen „Schapp" (Schrank) und „Tüüch" (Zeug) zusammen. „Schapp" hat seine Wurzeln im mittelhochdeutschen „schap". Vergleiche dazu sind auch das englische „skep" (Gefäß) und das dänische „Skap" (Schrank). Hatte der Junge seine Sonntagskleidung an, bemerkte der Opa, er wolle ihm heute wohl nicht helfen, denn er habe ja sein „Schapptüüch" an.

Schatt

Dieser Begriff kommt aus dem mittelniederdeutschen „schat" und bedeutet Steuer, Abgabe. In früheren Zeiten wurden die Steuerabgaben häufig geschätzt, wie das Gewicht des Schweines beim „Swienschatten" (Schweine schätzen).

schauelpn

Dieses Wort finden wir vor allem in und um Bredstedt (Nordfriesland) herum und es bedeutet so viel wie schwatzen, überflüssiges Zeug reden. Es mag abgeleitet sein aus dem dänischen „Sjov" (Scherz, Ulk), was aber nicht eindeutig belegt ist.

scheet em doot

Ein Pastor fuhr einmal auf der bekannten Insel Sylt mit der Bahn von Keitum nach Westerland. Ihm gegenüber saß eine Marktfrau mit einem großen Gemüsekorb. Auf einmal begann sie, sich am ganzen Körper zu kratzen. Dabei entfuhr ihr ein menschlicher Ton. Sie schaute den Pastor an und schämte sich fürchterlich. Der griente nur und sagte: „Dat is richtig, Mudder, scheet em doot!" (Das ist richtig, Mutter, schieß ihn tot!)

Schiet, so'n Schiet aver ok

Dass Eltern, vor allem Großeltern, nicht immer sprachliche Vorbilder für ihre Kinder und Enkelkinder sind, schreibt uns Monika S. aus Schleswig. Als einmal ihre achtjährige Enkelin nach einem typischen schleswig-holsteinischen Fluch fragte, kam die spontane Antwort: „So'n Schiet aver ok!" Gottlob hat sie „Schiet" nicht ins Hochdeutsche übersetzt.

Schiet, ut Schiet Kaneel maken

Nicht nur in Dithmarschen kennt man den Ausdruck „Kaneel", auch „Kneel" (Zimt) für das hellbraune, süßlich schmeckende Gewürz, das gern im Haushalt verwendet wird. „Lene T. kann ut Schiet Kaneel maken" (Lene T. kann aus Dreck Zimt machen), hieß es in der Nachkriegszeit an der deutsch-dänischen Grenze von einer tüchtigen Nachbarin, wenn diese aus wenigen Resten und Zutaten eine sättigende Mahlzeit für die ganze Familie zubereitete. Zimt wird in Verbindung mit Zukker gern als schmackhafte Zutat für Milchreis verwendet.

schimpen

Wenn der Plattdeutsche nicht gerade „slöppt" (schläft)
oder arbeitet, gibt er sich gern dem „Schimpen"
(Schimpfen) hin. Donnerwetter, wie kann er bölken, den
anderen anblaffen, runtermachen (dalmaken), ihn zur
Minna machen (em to Minna maken), ihn anfahren und
anblubbern (em anfohren un anblubbern). Er kann,
wenn er erstmal in Fahrt kommt, so'n richtiger Blub-
berbeutel (Blubberbüdel) sein, manchmal auch ein ziem-
liches Stinkfass (Stinkfatt).

Schleef (Sleef)

Im schönen Schwabstedt an der Treene, aber auch im
angrenzenden Dithmarschen, kannte man in früheren
Zeiten Erziehungspraktiken, die man heute wohl als
„rabiat" bezeichnen würde. Wenn ich mal wieder ziem-
lich ungezogen war, zog mich Mutter an den Ohren und
sagte: „Du bist mir so'n Schleef (Lümmel), du solltest
eigentlich was mit dem Sleef (Kochlöffel) kriegen." Der
lag immer oben auf dem Küchenschrank, meistens nur
zur Abschreckung.

Schleefschlag

Eine eigenartige Sitte prägt in der Zeit des Jahreswech-
sels das Geschehen in der Angelner Gemeinde Sterup.
Dort treffen sich seit gut zweihundert Jahren die „Ale-
mannsritter" im Allmannskrog, um einen symbolischen
Pachtzins bei reichlich „Angler Muck" (verdünnter Ap-
felschnaps) und launigen, teils derben plattdeutschen
Sprüchen umzusetzen. „Eingetrieben" wird das Geld
mithilfe eines überdimensionalen Holzlöffels, dem „All-
manns-Schleef." Um Mitternacht werden neue Mitglie-
der in der Runde mit dem Schleef anstelle eines
Schwertes zum Ritter geschlagen. Die neuen „Ritter"

müssen entweder in Sterup geboren oder hier ihren Wohnsitz oder Arbeitsplatz haben. Sind diese Bedingungen erfüllt, „ist man Ritter auf Lebenszeit".

Diese Tradition geht auf das Jahr 1802 zurück. Damals wurde in Sterup eine etwa neun Hektar große Fläche als saure Wiese und Sumpfgebiet ausgewiesen, die der „Allmende", der Allgemeinheit, gehörte. Das Geld, das aus der Torfgewinnung erzielt wurde, kam der „Allmende" zugute, zum Beispiel für Butterbrote und Punsch. Reichte es nicht aus, musste eine Sammlung durchgeführt werden.

Schneider, aus dem

Immer häufiger geraten Menschen in missliche, manchmal ausweglos scheinende Situationen. Wenn dann irgendwann und irgendwie am Horizont ein Silberstreif, ein Hoffnungsschimmer in Gestalt von überraschender Hilfe erscheint, ist so mancher Stoßseufzer „Endlich aus dem Schneider!" zu vernehmen. Das gilt u. a. auch für abstiegsbedrohte Fußballclubs, wenn sie im letzten Spiel der Serie noch gepunktet haben. Der Begriff „aus dem Schneider" ist beim Kartenspiel zu Haus. Erreicht ein Skatspieler 30 Punkte, ist er „aus dem Schneider". Früher hatten die Schneider ein nur geringes Ansehen in der Gesellschaft. Ging es einem einmal beruflich besser, war er „aus dem Schneider".

Schnüsch, Snüs, auch Snusch

Bei Schnüsch handelt es sich um ein beliebtes Gericht aus der Landschaft Angeln im nördlichen Schleswig-Holstein. Junge Erbsen, junge Bohnen (Schnittbohnen), gelbe Wurzeln und junge Kartoffeln werden gekocht, dann mit gehackter Petersilie und einem Klümpchen Butter in heiße Milch gegeben und schließlich mit Schin-

Schnüsch – eine Spezialität aus der Region Angeln

ken, gesalzenem Hering oder geräuchertem Speck gegessen. Dieses Gericht wird in manchen Speiselokalen
auch als „Husch und Schnusch" angeboten.

Schrangen

Im Jahr 1595 entstand am Nordermarkt in Flensburg
eine offene Markthalle, in der Bäcker und Schlachter ihre
Marktstände hatten. Diese Halle hieß Schrangen und war
die Verbindung zwischen Kirche und Marktplatz.

schunzig

Eine liebevolle Erinnerung an die Großmutter liegt uns
von Bettina M. vor. Sie schreibt: „Meine schunzige
(drollige, skurrile) Oma, eine Bauerntochter aus Nord-
hackstedt (Kreis Schleswig-Flensburg), pflegte angesichts schmucker Burschen, die sie schon als pusselige
(ungekämmte) Lausbuben gekannt hatte, zu sagen:
,Kiek an, ut de ruuchsten Fohlen warrt de glattsten
Peer.' (Sieh an, aus den ungehobeltsten Fohlen werden
die glattesten Pferde)."

Schussel, ole

Es gibt Menschen, die häufig verträumt und zerstreut daherkommen und die gelegentlich auch unzuverlässig sein können (schusselig). Über die sagt man dann: „Dat sünd ole Schussels." (Das sind alte Schussel.) Solche Bemerkungen zeugen nicht gerade von Respekt anderen gegenüber.

Schuten

Eine Hausfrau aus Eggebek im Landkreis Schleswig-Flensburg hat aus ihrem plattdeutschen Schatzkästchen diesen Ausdruck herausgefischt. „Früher trugen alle Hausfrauen und Mädchen bei der Arbeit stets Schuten." Das waren zumeist große, grobe leinene Arbeitsschürzen (-schörten). Den Begriff finden wir in den folgenden Redewendungen wieder:

„En reine Schuut deckt'n schietige Rock." (Eine saubere Schürze verdeckt einen schmutzigen Rock.)

„Is dat dien Schuut?" – „Ja, ja." – „Denn höört di ok de Löcker dorto." (Ist das deine Schürze? Dann gehören dir auch die Löcher dazu.)

Und schließlich müssen mal wieder die verschwenderischen Frauen herhalten:

„De Fru kann mehr in de Schuut to't Schünendöör ut' Huus dregen as de Mann to't Schünendöör rinföhren kann." (Die Frau kann mehr in ihrer Schürze zum Scheunentor hinaustragen, als der Mann ins Scheunentor hineinfahren kann.)

„Schute" ist aber auch die Bezeichnung für einen Kahn, im Mittelniederdeutschen „schute", im Schwedischen „skuta" (schießen). „Schute" nannte man im 19. Jahrhundert einen nach vorne vorspringenden Frauenhut, möglicherweise in Anlehnung an einen Schiffssteven.

Schwein gehabt

Wenn jemand etwa nach einer Kontrolle durch das Finanzamt noch eimal mit einem „blaue Auge" davongekommen ist, heißt es vielerorts, er habe „Schwein (Glück) gehabt". Woher diese Redewendung stammt, ist nicht eindeutig belegt. Möglicherweise geht sie auf die mittelalterliche Sitte zurück, bei der dem Unterlegenen nach Wettkämpfen ein Schwein als Trostpreis zugesprochen wurde. Eine andere, nur regional vernommene und weniger ernst zu nehmende Erklärung bezieht sich auf den Dithmarscher Bauernführer Peter Swyn (1480–1537) aus Lehe bei Lunden. Der hatte sich mit großem Einsatz gegen die Unterdrückung Dithmarschens durch die Dänen hervorgetan. Wenn Glück und Erfolg dicht beeinader liegen, heißt es bei den Einheimischen: „Dor heff ik bannig Swyn hatt." (Da habe ich ordentlich Schwein gehabt.) Wegen des Gleichklangs wurde häufig scherzhaft der Name „Swyn" statt des plattdeutschen „Swien" (Schwein) gebraucht. Beredte Zeugnisse aus dieser Zeit geben der Geschlechterfriedhof in Lunden und das Landesmuseum in Meldorf.

Sluffhack

Wer immer auf dem Lande durch körperliche Eigenarten, Gebrechen, Verhalten oder Kleidung auffällig war, musste damit rechnen, dass er innerhalb und außerhalb der Gemeinschaft mit teils herabwürdigenden Bemerkungen bedacht wurde. Für träge, unordentliche, nachlässige und schlampige Menschen kannte man an der Westküste den Ausdruck „Sluffhack". Damit meinte man auch Menschen mit schlurfendem Gang (schluffen = schlurfen). Das Nomen „Hack" (Hacke) war in diesem Zusammenhang negativ besetzt wie auch im Schimpfwort „So'n Scheethack" (So eine Scheißhacke).

Stele am Grab Peter Swyns auf dem Geschlechterfriedhof in Lunden,
der den Begriff „Swyn hatt" prägte.

Snattdook

Wischt jemand sich ununterbrochen die Nase, sagt man: „De hett en Snatten." Mit „Snatt" oder „Snott", hochdeutsch auch „Schnotter" ist umgangssprachlich der Nasenschleim gemeint (die schmutzige Nase). Die putzen sich die Plattdeutschen mit dem „Snattdook" (Schnupftuch). Weint jemand ununterbrochen, „huult he Snatt un Water" (heult er Rotz und Wasser).

snötern

Von einem Kaffeeklatsch in Schleswig wurde berichtet, dass dort ununterbrochen „gesnötert", also pausenlos geschnattert, geplaudert und geplappert wurde. Die anwesenden Damen des Kränzchens wurden dann auch mit mildem Spott als „Schnöterschen" bezeichnet, manch eine als „Snötermöhl", „Snöterlieschen" und „Snötertasch". Aber auch die Herren der Schöpfung bekamen ihr Fett ab, wenn geringschätzig gesagt wurde: „Wat kann de Kierl blots snötern." (Was kann der Kerl nur sabbeln.) Oder: „He snötert as en Goos, de ool Snöterbüdel." (Er schnattert wie eine Gans, der alte Sabbelbüdel.) Vergleiche mit der Tier- und Vogelwelt bieten sich an.

Snuut

Der Mund, umgangssprachlich auch Schnauze, im Plattdeutschen „Snuut", auch „Muul", ist Teil vieler Redewendungen und zusammengesetzter Nomen. Will man jemandem schmeicheln, „snackt een em/ehr na de Snuut." Soll er stillschweigen, ruft man ihm zu: „Hol de Snuut!" Von einem mürrisch dreinschauenden Menschen sagt man: „He/Se maakt en suure Snuut." Zu einem süßen, hübschen Mädchen: „Na, du lütt Söötsnuut!" Und ist jemand allzu vorlaut, ist er/sie „snutig".

Hans S. möchte den „Sonnabend" retten, denn er befürchtet seit langem eine Unterwanderung des norddeutschen „Sonnabend" durch den süddeutschen „Samstag", der auch im Rheinland gebräuchlich ist. Er hat herausgefunden, dass irische und englische Missionare im 8. Und 9. Jahrhundert das Wort „sunnanaefen" (Vorabend des Sonntags im Norden) importiert hatten, während die Goten im Süden den griechischen Begriff „sámbaton", aus dem hebräischen „sabbat" entlehnt, einführten. Der Sabbat ist bekanntlich nach jüdischem Glauben der geheiligte Ruhetag vom Freitag auf den Sonnabend. Also: Aus „sunnan-aefen" ist der Sonnabend geworden, aus „sámbaton" der Samstag. Im plattdeutschen Norden, so kann ich die Anhänger dieser schönen Regionalsprache beruhigen, heißt es immer noch „Sünnavend".

sort, dat sort

Es ist immer wieder erfreulich und bereichernd zugleich, von seltenen plattdeutschen Begriffen und Wendungen in unserem Land zu erfahren. So sagt man in Oldendorf nahe Itzehoe im Kreis Steinburg, wenn ein starker Wind das trockene Land noch trockener macht, „dat sort". Dieses Wort ist vornehmlich in West- und Mittelholstein (noch) gebräuchlich.

Sottje

„Da habe ich mal wieder Sott gehabt!", sagen immer noch viele Schleswig-Holsteiner, wenn sie mal wieder Glück gehabt haben. Dieser Ausspruch steht in Verbindung mit dem „Sottje", dem Schornsteinfeger, der ja bekanntlich volkstümlich als Glücksbringer bezeichnet wird.

Speck un Ball

Auf der Suche nach seltenen Gerichten ist Ingrid R. aus Büdelsdorf, angrenzend an Rendsburg, fündig geworden. Sie erinnert sich, dass in Reinsbüttel (Dithmarschen) die Klöße, Klüten oder Klümp „Ball(en)" genannt wurden. „Speck un Ball" war ein Gericht mit Klößen, Specksoße und Sirup, bekannt auch als „Schoostersoß" (Schustersoße oder Siruptunke). In der Pfanne wurden ausgelassene Speckwürfel mit Sirup verrührt, was sich der arme Schuster gerade noch leisten konnte.

spiddelig, Spiddel

Beim Anblick dünner, schwächlich aussehender Menschen und kümmerlicher Maisstängel sagen die Schleswig-Holsteiner: „De süht aver spiddelig ut" (sieht spiddelig aus) oder „Dat is recht so'n Spiddel" (ein richtiger Spiddel). Diese Bezeichnung geht zurück auf einen „Spitalbruder", einen Menschen, der ins „Spital" (Krankenhaus) gehört.

Spill

Wenn Anita R. aus dem nordfriesischen Wallsbüll (s. -büll) ein kleiner, schmächtiger, lebhafter Junge begegnet, sagt sie: „Das ist so'n kleiner Spillewipp." „Spill" hat im Plattdeutschen unterschiedliche Bedeutungen. Zum einen verstehen wir darunter „Spiel" (auch Speel), vor allem das Kartenspiel, dann aber auch die „Winde" (Ankerwinde) und einen dünnen, spitzen Stock, womit dann bildlich der oben genannte kleine Junge gemeint ist.

Spökenkieker

„Er ist recht so'n Spökenkieker", sagt man ein wenig verächtlich über jemanden, der gern das „Blaue vom Himmel" herunterflunkert.

Wenn Kinder ständig unruhig sind, ungelenke Bewegungen machen, mit den Beinen rumstrampeln, heißt es in der friesischen Wiedingharde: „Wat sprauelt de blots rüm." (Was zappelt der bloß rum.) Das Verb entstammt dem friesischen „spraule" (zappeln). Von einem, der es besonders eilig hat, sagt man, dass er es sehr „sprauelig" habe (friesisch „sprauli"). Ein Sprauelpink ist ein unruhig schlafendes Kind, das die Bettdecke oft abwirft. In einigen Gegenden wie in Jübek im Kreis Schleswig-Flensburg sagt man auch: „Dat Kind hett sik bloot sprantelt." (Das Kind hat sich bloßgestrampelt.) In Dithmarschen kennen wir dafür die Redewendung: „Wat spattelt he blots rüm." (Was strampelt er nur rum.)

Spreedeek

Spreedeek setzt sich zusammen aus „spreen" (spreiten, ausbreiten) und „Deek" (Decke), aus mittelniederdeutsch „spreden und spreiden". Eine „Spreedeek" (Spreitdecke) ist eine von den Hausfrauen selbst gehäkelte Decke, die über dem Bett ausgebreitet wird. Dazu gibt es auch ein „Spreedlaken".

Sprock

Der Ausdruck „Sprock" für dürres Reisig, Spreu von trockenem Busch, abgebrochene dünne Zweige, Fallholz und Brennholz ist auch heute vielerorts noch geläufig. Es kommt vom mittelniederdeutschen „Sprok un Sprockel" (morscher Zweig). Im Friesischen heißt es „Sprock un Sprück" (dürre Zweige), im Niederländischen „sprockel", im Englischen „sprig" (Reisig). Ableitungen finden wir in einem Adjektiv „dat is sprock, sprockig" (Hessen) oder „spröckelig". Das Verb hierzu heißt „sprockeln" und „spröckeln" (dorren, trocken werden). „Dat Gras spröckelt ünner de Sünn." (Das Gras verdorrt unter der Sonne.) Reisig nannte man „Sprockwark" oder „Sprockholt" und die Kohlmeise „Sprockmeesch". Der Hinweis auf diesen Begriff kommt aus Wewelsfleeth an der Stör. Die Kinder mussten dort im Frühjahr Buschzweige auf dem Rasen sammeln und diese dann mit einem Beil zerkleinern („Sprock haun"). Wenn der dann getrocknet war, wurde er zum Heizen im Herd verwendet. Von einem dünnen Mann in kurzen Hosen hieß es in Dithmarschen: „Mann, wat hett de för Sprockbeen!" (Mann, was hat der für Sprockbeine.)

Spüttgrütt

Wir kennen „Rode Grütt" (Rote Grütze), „Appelgrütt" (Apfelgrütze), „Stickbeerngrütt" (Stachelbeergrütze), „Melkgrütt" (Milchgrütze) und viele andere Grützen mehr. Aus Flensburg hat eine gebürtige Hattstedterin unseren Kenntnisstand über Grützen um den folgenden

Fruchtgrütze – ein beliebter norddeutscher Nachtisch,
der auch Spüttgrütt genannt wird.

Begriff „Spüttgrütt" erweitert. Sie schreibt: „Bei meinen Schwiegereltern lernte ich die ‚Spüttgrütt' (von spucken) kennen. Das ist eine Grütze, die auch mal Kerne enthält, die man ausspuckt – utspütt."

Staat, keen Staat maken

Vor einer angehenden Hochzeit wollte sich der Bräutigamsvater ein Bild von der wirtschaftlichen Lage des Brautvaters machen. Es ging also um die zu erwartende Mitgift der Braut. Bei einem Rundgang durch die Stallungen entfuhr es dem Vater des Bräutigams: „Mit de poor Deerten op den Stall, dor kannst wiss un wohraftig keen Staat mit maken!" (Mit den paar Tieren im Stall kannst du auf keinen Fall angeben!)

Stahoi

Immer wieder trifft man Menschen, die aus einer einfachen Angelegenheit viel Aufhebens machen. So auch in Sterup im Kreis Schleswig-Flensburg. Da heißt es schlicht und einfach: „Maak dor man nich so veel Stahoi vun." (Mach nicht so viel Lärm darum.) „Stahoi" kommt aus dem Plattdeutschen, findet sich aber auch im friesischen „Stahöi" wieder und bedeutet „Lärm" oder „Hallo". Bei Shakespeare (1564–1615), dem großen englischen Dramatiker, hätte es danach durchaus heißen können: „Veel Stahoi üm nix" (Viel Lärm um nichts, wie ein Theaterstück von ihm heißt).

Standesamt für Vögel

Auf der Nordseeinsel Helgoland werden Jahr für Jahr auf der Vogelwarte zwischen 1600 und 2000 Vögel beringt. Im Frühjahr und im Herbst überqueren Millionen von Vögeln die Deutsche Bucht und machen hier, auf dem „roten Felsen", Station. Einige von ihnen werden in feinen Nylonnetzen gefangen, dann beringt und schließlich wieder freigelassen. Auf diese Art und Weise erhalten die Vogelkundler eine Menge Informationen über die Fluggewohnheiten der Vögel. Da sie mit Ringen versehen werden, wie auch Menschen bei der Eheschließung, nennt man die Vogelwarte laut dem „Norddeutschen Kuriositätenführer" auch „Standesamt für Vögel".

stapelboots

Wenn irgendetwas „stapelboots" auf jemanden einstürzt, geschieht das unvorhergesehen, augenblicklich, plötzlich, überraschend.

Steen in't Brett

Dieses geflügelte Wort kennen wir hochdeutsch wie plattdeutsch. „Du hest bi mi en Steen in't Brett" (Du hast bei mir einen Stein im Brett) meint nichts anderes als: „Ich mag dich, du hast bei mir noch etwas gut, gib mir Bescheid, wenn du Hilfe brauchst."
Wenn jemand „Steen un Been" schwört, dass er der Frau des Nachbarn nicht zu nahe getreten ist, will er damit untermauern, dass dies nichts als die reine Wahrheit ist. Über einen alten Menschen heißt es schon mal: „He hett al den hööchsten Steen smeten." (Er hat schon den höchsten Stein geworfen, hat seine beste Kraft hinter sich, wird alt.)
Und wenn ein Grund für ein Vorhaben gesucht wird, heißt es: „Wenn ik en Hund smieten will, finn ik licht en Steen." (Wenn ich nach einem Hund werfen will, finde ich leicht einen Stein.)

Steen, leevt op'n

„He leevt op'n Steen." (Er lebt auf einem Stein.) Diese Redensart war und ist auch heute noch in und um Eggebek im Kreis Schleswig-Flensburg geläufig. Damit ist jemand gemeint, der nicht viel besitzt, aber immer fleißig und bescheiden seiner Arbeit nachgeht.

Steertenpeper (Schwanzpfeffer)

Bei einem Pferdehandel in früheren Zeiten konnte es vorkommen, dass der Ackergaul recht müde war und wenig Temperament zeigte. Zur Ermunterung wurde ihm dann Pfeffer (Peper) in den After eingeführt, was ganz und gar nicht tiergerecht und überdies höchst unappetitlich war. Bei unruhigen, quirligen Menschen sagt man daher auch: „De hett Peper in'n Mors" (Pfeffer im Hintern).

Steertpoggkoor

In diesem Wort sind die Substantive „Steert" (Schwanz, Schweif oder Steiß bei Tier und Mensch), „Pogg" (Frosch) un „Koor" (Karre) enthalten. So hieß eine einachsige Karre mit einer Deichsel, die von der Form her an eine Kaulquappe erinnerte (Steertpogg), und an der Mensch und Hund gemeinsam zogen. Benötigt wurde diese Karre für die armen Torfbauern aus Norderstedt-Harksheide als Transportmittel. Dort wurde der Torf in den umliegenden Mooren in Soden gestochen, und diese wurden dann in kleinen Mengen in Hamburg als Brennmaterial verkauft.

„Stemp" eten, slucken

In einer Familie in Meggerholm im Kreis Schleswig-Flensburg erinnert man sich an die Großmutter, die beim Essen gelegentlich einen Schluckauf bekam. Opa meinte dann immer: „Na, hest du al wedder ‚Stemp‘ eten?" Damit meinte er, sie hätte zu hastig gegessen, „sich verschluckt". In Angeln findet man die Wendung „Ik heff mi'n Stemp (Stempel) slaken" (Es ist ein Bissen im Hals steckengeblieben, ich kann nicht weiter schlukken).

Stint, sich freuen wie ein

Mit dem Stint, der zu Laichzeiten in Schwärmen in die norddeutschen Flüsse gelangt, verbinden sich viele Sprachbilder, so auch dieses:

„Vater freute sich wie ein Stint, als er zum Vorsitzenden des Fischereivereins in Büsum gewählt wurde."

„Und gestern früh, wo ich die Stellung im Export haben sollte, freue ich mich noch wie ein Stint und denke: Alles geht gut." (Hans Fallada, Wer einmal aus dem Blechnapf frisst)

Als „Stint" wird häufig im norddeutschen Sprachraum ein junger Mensch wegen seiner unbekümmerten und ausgelassenen Art bezeichnet. Ortsteile wie in Hamburg und in der Nähe von Büsum (Stintfang und Stinteck) zeugen heute noch von der Bedeutung des Stints für die Fischerei in früheren Zeiten.

Stipp, stippen

Mit „Stipp" meinen die Schleswig-Holsteiner eine Tunke, besonders die Fetttunke, wobei ausgebratener Speck mit Milch und Mehl verrührt oder mit Essig und Schnittkräutern zu Pellkartoffeln gegeben wird. „Stipp" leitet sich von „stippen" (eintauchen, tunken) ab. Wir kennen es in Dithmarschen auch als „instippen" (eintauchen) von Backwerk, vor allem Brötchen, in den morgendlichen Kaffee. Die „Stippvisite" ist ein kurzer, überraschender Besuch.

Schmecken auch ohne Beilagen – Stoovkartoffeln

Stoovkantüffeln – gestoovte Kartoffeln

Hier ist das Rezept für ein besonders beliebtes Gericht an der Westküste unseres Landes. Benötigt werden 500 g Kartoffeln, 20 g Butter, 50 g durchwachsenener Speck, eine kleine Zwiebel (Zippel), 40 g Mehl, ¼ l Fleischbrühe, ½ l Sahne, Salz, Pfeffer, ein Bund Schnittlauch. Die Kartoffeln in der Schale kochen, pellen, abkühlen lassen. Dann Butter auslassen, den gewürfelten Speck und die geschnittenen Zwiebeln darin anbraten. Ferner Mehl darüberstäuben, mit Fleischbrühe ablöschen und aufkochen. Sahne dazu geben, dann das Ganze mit Salz und Pfeffer gut würzen. Die Kartoffeln in Scheiben hineinschneiden, 5 Minuten bei kleinster Hitze ziehen lassen. Vor dem Servieren gehackten Schnittlauch dazugeben. Und dann? Hinein ins lukullische Vergnügen!

strömern, Strömer

Kinder, die sich häufig über längere Zeit von zu Hause entfernen, nennt man gerne mit einem sanften Scheltwort, gelegentlich auch als Kosewort: „Na, du Strömer."

strumpfsock

Eine Sauerländerin musste nach ihrem Umzug in den hohen Norden einen sprachlichen Umerziehungskurs über sich ergehen lassen. Dass Ausrufe des Bedauerns gleich mit „das ist ja Sünde!" verstärkt werden müssen, hat sie inzwischen verinnerlicht. Auch, dass man im Haus „strumpfsock" läuft, statt „auf Socken", wie sie es aus ihrer Heimat her kennt, verwirrt sie nach zehn Jahren in Flensburg nicht mehr. Nur, dass man überall „hin soll", will ihr auch heute nicht in den Kopf. Beispiel: „Ich soll noch schnell zum Doktor", statt „ich will". Dennoch findet sie diese sprachlichen Eigenheiten einfach herrlich.

Stuten

Bei „Stuten" denken wir nicht an Pferde, sondern an Weißbrot, ein Brot aus Weizenmehl, auch „Feinbrot" oder „Fienbroot" genannt, im Gegensatz zu Schwarzbrot (Swattbroot).

Stuuv, Best

De Best Stuuv (Beste Stube) war ein Raum, der nur an Feiertagen wie Ostern und Weihnachten zu besonderen Anlässen hergerichtet und benutzt wurde.

Swienschatten

In manchen Gegenden unseres Landes gab es die Sitte, nach dem Schlachten eines Schweines dessen Gewicht zu taxieren, zu schätzen. „Dat Schatten is man Nebensook, de Hauptsook is un blifft de Sluck" (Das Schätzen ist nur Nebensache, die Hauptsache ist und bleibt der Schluck), heißt es in einer Überlieferung. Wenn das ringelschwänzige Schwein an der Leiter hing, kamen die Nachbarn, von denen es zu diesem Anlass immer besonders viele gab, um das Gewicht zu schätzen. Mit einem doppelten Köm ging das natürlich besser, manchmal wurde bis in die Nacht hinein gefeiert. Dabei blieb es nicht aus, dass mit Schweineohr und Ringelschwänzchen Unfug getrieben wurde. So mancher missliebige Dorfbewohner rieb sich verwundert die Augen, wenn er anlässlich seines Geburtstags als Geschenk ein Schweineohr bekam.

Swienskopp op'n Disch u. a.

Im Band „So spricht Schleswig-Holstein" sind bereits einige Sprichwörter und Redensarten, die sich mit dem Schwein befassen, aufgeführt. In einer Zeit heftiger Diskussionen über Massentierhaltung und veganer Ernährung darf gern noch mal an die Bedeutung des Schweins für die Menschen in früheren Zeiten erinnert werden. Das kommt am besten durch Volksmund zum Ausdruck. Hier sind einige weitere Beispiele:

„‚Dat Gesicht mag ik lieden', sä de Buer, as de Swienskopp op den Disch keem." („Das Gesicht mag ich leiden", sagte der Bauer, als der Schweinskopf auf den Tisch kam.)

„En good Swien in'n Stall is beter as'n Fru in de Köök." (Ein gutes Schwein im Stall ist besser als eine Frau in der Küche.)

Und schließlich: „Du kümmst ok jümmers eerst denn, wenn dat Swien witt is." (Du kommst auch immer erst dann, wenn das Schwein ausgenommen am Haken hängt, abgebrüht und von Borsten befreit, also weiß (witt) ist.)

Swulk, en, auch Swolk oder Swölk

Wenn die Kinder früher bei den ersten warmen Sonnen-
strahlen im beginnenden Frühjahr darum bettelten, in
kurzen Hosen/Kleidern und barfuß laufen zu dürfen,
bekamen sie von den Eltern zu hören: „En Swulk maakt
noch keen Sommer." (Eine Schwalbe macht noch keinen
Sommer.) Dieser Spruch geht auf eine Fabel von Äsop
zurück. Äsop war ein griechischer Dichter von Fabeln
im 6. Jahrhundert v. Chr. Ein junger Mann, der sich arg
verschuldet hatte, verkaufte eines Tages seinen Mantel.
Er hatte eine Schwalbe gesehen und glaubte nun, der
Sommer wäre angebrochen. Es kam allerdings ganz anders, denn es blieb kalt und die zurückgekehrte
Schwalbe erfror.

Swutsch, op'n

Wenn sich die jungen Leute in den Landesteilen Stormarn, Rendsburg-Eckernförde und Dithmarschen früher tüchtig amüsieren wollten, „gungen se op'n
Swutsch" (gingen sie aus zum Tanzen). Diesen Ausdruck kennt man auch in Mecklenburg-Vorpommern.
Ihm haftete allerdings der Makel eines „liederlichen Lebens" an. En „Swutscher" war danach ein Herumtrei-
ber, liederlicher Lebemann, en „Swutschdeern" ein
leichtfertiges Mädchen.

Tater

Fährt man offenen Auges durch unser schönes Schleswig-Holstein, das anliegende Mecklenburg-Vorpommern oder gar Ostfriesland, begegnet uns der Begriff
„Tater" in vielfältigen Formulierungen. Oft stehen wir
vor ungewöhnlichen, unbekannten Ortschafts- und un-
erklärlichen Landschaftsnamen wie „Taterberg" (Ek-
kernförde), „Taterbarg" (Basdorf), „Taterbusch"
(Breitenburg), „Taterdiek" (Teich bei Helmsdorf). In
Mecklenburg-Vorpommern gibt es ebenfalls eine Reihe
historischer Ortsbezeichnungen wie „Taterbrok", „Ta-
terbrügg", „Taterholt", „Taterhorn" und andere. All
diese Komposita weisen mit dem Nomen „Tater" auf
den inzwischen stark belasteten Ausdruck „Zigeuner"
hin. „Tater" (von Tataren) ist das plattdeutsche Synonym für die Sinti und Roma, jahrhundertelang abfällig
als „Zigeuner" diskriminiert. Die Ortsnamen weisen jeweils auf den ehemaligen Wohnort von Angehörigen
dieser verfolgten Volksgruppe hin. Inzwischen genießen
sie politisch und gesellschaftlich endlich einen unantast-
baren Minderheitenschutz.

Teeketelfett

Aus Jübek, einem Ort auf der schleswigschen Geest, bekannt durch große Motorrad-Sandbahnrennen, erreichte uns diese Zuschrift. Musste in ärmeren Zeiten
die Suppe mit Wasser aus dem Teekessel gestreckt werden, sprach man in diesem Zusammenhang scherzhaft
von „Teekesselfett" (Teeketelfett). Dazu passt auch
diese Redewendung aus Angeln: „Se braadt de Kantüffeln in Teeketelfett – in Water." (Sie brät die Kartoffeln
in Teekesselfett – in Wasser.)

Teerquast

Es ist oft unangenehm zu beobachten, wie sich ein Gegenüber in wichtigen Fragen nicht entscheiden kann, sich ziert, sich nicht von der Stelle bewegt. Im Plattdeutschen heißt es dann: „He dreiht sik as en Luus op'n Teerquast." (Er dreht sich wie eine Laus auf dem „Teerquast".) Läuse waren besonders nach Kriegen weit verbreitete Quälgeister. Der Name „Laus" hat sich entwickelt aus dem mittelhochdeutschen „Lus". Der Teerquast ist ein breiter Pinsel, mit dem früher die Dächer geteert worden sind.

tiern, sik, auch tieren

Aus dem nordfriesischen Sprachraum kennen wir folgende Redewendung: „En schall sik nich so tiern." (Er soll sich nicht so anstellen, kein großes Theater um Nebensächliches machen.) „Sik tiern" hat, wie man auf den ersten Blick vermuten könnte, jedoch nichts mit Tieren zu tun. Es ist vielmehr abgeleitet von dem Verb „sich zieren", dem mittelhochdeutschen „têren" (sich benehmen, sich gebärden). Sollte in Haus und Hof eine unangenehme Arbeit verrichtet werden und das Töchterchen rümpfte dabei die Nase, schalt die Mutter mit den Worten: „Man, Deern, nu tier di man nich so." (Nun stell dich nicht so an.)

triezen

Der Begriff „triezen" (jemanden necken, ärgern, foppen, quälen und reizen), stammt aus dem niederdeutschen „trietzen, trietschen, triezen" und bedeutet, eine Last mittels Winde in die Höhe ziehen (Flaschenzug). Früher wurde auf Segelschiffen der Verurteilte für ein Vergehen schon mal an einem unter den Armen durchgeschlungenen Seil am Mast hochgezogen. Das war dann kein Necken und Foppen mehr.

trummeln

Eine Flensburgerin erzählt von ihrer Katze, „die sich auf dem Fußboden trummelt". Damit ist weder „trommeln" noch „tummeln" gemeint. Das Verb „trummeln" leitet sich vom friesischen „trümle" ab und bedeutet wälzen, rollen. Die Katze wälzt sich also auf dem Boden herum.

truschullig

Wenn ein Mensch „truschullig" ist, dann ist er harmlos und leichtgläubig. Altbacken angezogene Frauen sehen „trutschig" aus.

Tümp

Die Vielfalt der sprachlichen Kleinode in unserem Land, die hier und dort immer wieder zutage gefördert werden, erstaunt und erfreut zugleich. Da gibt es im Steinburgischen den Begriff „Tümp", vereinzelt auch „Tümt", im benachbarten Dithmarschen „Tömp". Gemeint ist damit ein kleiner Haufen, eine Menge, eine Schar, eine Anzahl wie „en Tümp Reh op de Weid" oder „en Tümp Kinner, Fruunslüüd op de Straat (eine Anzahl Kinder, Frauen auf der Straße). Anke H. aus Oldendorf (bei Itzehoe) hat uns darauf aufmerksam gemacht. Als Synonym für „Tümp" gibt es auch das Nomen „Schoov", allerdings nur in Verbindung mit Tieren wie „en Schoov Göös (eine Schar Gänse).

Türkentrecken

Schleswig-Holstein hat eine reichhaltige Vergangenheit vorzuweisen, die häufig auch mit der Entstehung von Gilden in Verbindung steht. Eine davon ist die „Junge Leute Gilde von 1904" in Kappeln an der Schlei. Ihr gehören 25 junge Männer an. Noch heute pilgern sie zwischen Weihnachten und Silvester durch die Kleinstadt, auf dem Kopf tragen sie original orientalische Fezen. Jeweils am ersten Sonnabend im Februar findet eine „Türkenmaskerade" statt. Dann ziehen („trecken") die jungen Männer eine hölzerne Figur mit sich herum und singen ihr Traditionslied „Unse Türk heet Garibaldi" (Unser Türke heißt Garibaldi). Garibaldi war natürlich kein Türke, sondern ein italienischer Freiheitsheld im 19. Jahrhundert. Er gilt hier als ein „Symboltürke", steht für Befreiung. Im 17. Jahrhundert und später sammelte das Königreich Dänemark, zu dem die Herzogtümer Schleswig und Holstein gehörten, in den Hafenorten eine sogenannte Türkensteuer zur Befreiung (zum Freikauf) aller christlichen Seefahrer, die in den „Türkenkriegen" gefangen genommen worden waren. Es handelte sich hierbei um die Abwehrkämpfe der europäischen christlichen Staaten gegen das Vordringen der Türken bis Mitte des 19. Jahrhunderts. Einer der Gefangenen war der Gutsherr Detlef von Rumohr, der in die Hände der osmanischen Eroberer geraten war und den die Kappelner daraufhin auslösten.

Tütelbüdel

Mit dem Wort ist ein „kleiner Spinner" gemeint, jemand, der gerne mal übertreibt, rumtütelt.

Tüünkraam

Tüünkraam ist dummes, ungereimtes Geschwätz, das jemand daherredet.

tumpig

Dieses Adjektiv gibt es in vielfältigen Abwandlungen, so in „tump, tuntig, tünselig, tossig, tütelig, dummerig" und meint, dass jemand wirr im Kopf sei, beschränkt

und dumm. Die ursprüngliche Bedeutung ist wohl
„dumpf". In und um Flensburg herum versteht man
darunter auch nicht ganz klug, verrückt, geisteskrank,
im Holsteinischen abgeschwächt einfältig, unbeholfen,
linkisch.

tussig, tusselig, Tussi

Wenn man jemanden im Plattdeutschen mit „tussig, tus-
selig" charakterisiert, meint man damit einen tollpat-
schigen, unbeholfenen Menschen, manchmal werden
junge Frauen herablassend als „Tussi" bezeichnet.

U

umbringen

In Risum-Lindholm kennt man diesen Spruch: „Ich bring dich eben um, dann kann ich auch beigehen." Gemeint ist natürlich kein Verbrechen, vielmehr, jemanden zu einem bestimmten Ort zu bringen, damit man sich danach an die vorgenommene Arbeit machen kann.

usselich(g), Ussel

Das kalte, windige, regnerische Wetter im hohen Norden empfinden zugereiste Süddeutsche häufig als „usselich(g)". Dieses Adjektiv stammt aus dem dänischen „ussel" und bedeutet so viel wie elend, kümmerlich. Ein Ussel ist danach ein Schwächling, Elender.

utspannen (ausspannen)

Wer nach längerer anstrengender Tätigkeit, besonders im Berufsleben, Ruhe braucht, sehnt sich danach, mal so richtig „auszuspannen" (uttospannen). Dieses Wort ist sowohl im Hochdeutschen als auch im Plattdeutschen gleichermaßen geläufig. Das Präfix „ut, aus" bedeutet soviel wie aus, raus, sich befreien. Das Verb „spannen" geht auf das mittelniederdeutsche „spannen" (dehnen, befestigen) zurück. Wer also „ausspannen" will, will sich entspannen, die Spannung lösen, sich ausruhen. Das taten früher die Bauern mit ihren „Spannwarken" vor Gaststätten (Kröög), die hier und dort im Lande schlicht „Utspann" hießen. Ausspannen durften dabei aber auch im wahrsten Sinne des Wortes die Pferde, die oftmals für längere Zeit „ausgeschirrt" wurden. Dann wurde heftig „Korten speelt" (Karten gespielt).

Veerrodenbarg (Vierrutenberg)

Eine Ehefrau fragte nach Ursprung und Bedeutung eines Begriffs, den ihr Ehemann häufig benutzt: „Veerrodenbarg" oder „Vorodenbarg". Es handelt sich hierbei um den Veerrodenbarg (Vierrutenberg), einen ringsum offenen Bau in der Nähe des Hauses, der auf vier senkrecht stehenden Pfosten (Roden) ein mit Reet gedecktes, pyramidenförmiges Dach trägt. Er diente zur Aufbewahrung von Stroh und Korn bis zur Verfütterung oder zum Dreschen. Ein besonders in der Gegend um Rendsburg gebräuchlicher Begriff.

verfehren, sik

Geschieht etwas Unerwartetes, „verfehrt sik de Plattdüütschen" (erschrecken sich die Plattdeutschen). Das Verb „verfehren" geht auf das mittelniederdeutsche „vorvêren" zurück (in Schrecken versetzen, einschüchtern). Im Englischen kennen wir das Nomen „fear" – Furcht. „Ik schoot in'n Dutt. Wat heff ik mi verfehrt, as mi de Schoolmeister mit'n Mol bi't Afschrieven faat kreeg. (Ich schoss zusammen, was war ich erschrocken, als mich der Lehrer plötzlich beim Abschreiben erwischte.) Un nüms hett ropen: ‚Pass op!' (Und niemand hat gerufen: ‚Pass auf!')" Häufig heißt es auch: „Wat heff ik mi verjaagt!" (Synonym für „sik verfehren".)

verlangen

Das Verb „verlangen" kennen wir im Plattdeutschen in zweifacher Bedeutung. Einmal im Sinne von „fordern" wie im Hochdeutschen auch. „Vun en Ossen kann een nich mehr verlangen as en Stück Fleesch." (Vom Ochsen kann man nicht mehr verlangen, erwarten als ein Stück Fleisch.) Seltener begegnet uns das Verb in der Redewendung: „Dat schall mi mol verlangen." (Da bin ich aber neugierig.)

verrandereren

Der Ausruf „Nu verrandereer ehr nich!" bedeutet „Nun bring sie nicht durcheinander, halte sie nicht von der Arbeit ab!". Wir kennen in diesem Zusammenhang auch die Redewendung: „Nu hol aver mol den Rand!" (Nun halt aber mal den Mund, die Klappe!)

verschütt gahn

So manche Wörter, Begriffe und Redewendungen verschwinden so „bilüttens" (so nach und nach, allmählich), „gaht verschütt" (gehen verloren) oder „verswinnt in de Grabbelkist" (verschwinden in der Grabbelkiste). Kannst du mit „Kassbeern" was anfangen? Nicht? Das sind „die Kirschen aus Nachbars Garten". Und mit „den Liekdorn"? Keine Angst, damit ist keine Leiche gemeint, auch kein Dorn. Das Hühnerauge ist es, das sich hinter diesem Begriff versteckt. Mit „Leuwagen" ist der Schrubber, mit „kruse Kruut" Petersilie gemeint. Umzüge gehen oft mit beschwerlicher Arbeit und viel Aufregung einher. Immer wieder erlebt man dabei, dass sorgsam gehütete Schätze auf einmal nicht mehr auffindbar sind. Danach befragt, heißt es dann achselzuckend von den Helfern: „De sünd woll verschütt gahn." (Die sind wohl verloren gegangen.)

Vörfööt

Ein Mann in einem schleswig-holsteinischen Dorf bekleidet gleichzeitig 27 Ehrenämter. Ob im Gemeinderat, bei der Feuerwehr, beim Sportverein, beim Schulelternbeirat, beim Verschönerungsverein, immer ist er dabei, wenn es um Entscheidungen geht. Es ist sicherlich nicht ehrverletzend, wenn man ihn einen umtriebigen Menschen nennt. „De is jümmers glieks mit beide Vörfööt dor mang" (Der ist immer gleich mit beiden Vorderfüßen dazwischen), heißt es über ihn. Manchmal möchte man ihm zurufen: „Mach mal halblang, weniger ist mehr!"

Vogelnamen, plattdeutsche

Wer sich im Lande mit Ornithologen unterhält, ist immer wieder verblüfft über die Fülle von Namen für Vogelarten, die im Volksmund noch unter ihren plattdeutschen Bezeichnungen bekannt sind. So gibt es für den Habicht (Hav) allein 30 Namen, einige davon wie „Groot Hav" (Großer Habicht), „Stööthav" (Stoßhabicht), „Höhnerdeef" (Hühnerdieb) und „Höhnersack" (Hühnersack) seien hier stellvertretend genannt. Den Austernfischer, der leider immer seltener beobachtet wird, kennen wir auf der Insel Sylt als „Sylter Klap-

Der Austernfischer mit seinem Küken –
auch Sylter Klapperstorch genannt

perstorch", als „Strandheister" (Strandelster) oder auf Eiderstedt als „Schooster" (Schuster). Aus der Bachstelze ist schnell wegen ihrer auffälligen wippenden Fortbewegung „de Wipp-Wüppsteert" (Steert = Schwanz) geworden. Meisen sind „Meeschen" und die Kohlmeise eine „Sprockmeesch" (s. Sprock). Der Spatz (Sperling) in der Hand „is en Lünk" und die Taube auf dem Dach „en Duuv op't Dack", über das früher gelegentlich der „Aadboor" (Klapperstorch), der eine kleine „Süster" (Schwester) bringen sollte, Erzählungen zufolge geflogen sein muss. Sonst wären wir dann ja wohl nicht da, oder?

Warft, Wurt

Warften (auch Wurten) sind künstlich aufgeworfene Erdhügel auf den Halligen. Darauf wurden die Häuser gebaut, um die Bewohner vor den Sturmfluten zu schützen.

wat bi wat

Ein jeder kennt solche Augenblicke bei Familienfeierlichkeiten, in denen ein Gesprächsfaden urplötzlich abreißt. Ein Albtraum für die Gastgeber. Gottlob gibt es ja noch den „Verwandten für alle Fälle", der eine solche sprachlose Stille mit den folgenden Worten zu überbrücken versteht: „Dat is eben dat. Dor is wat bi wat." Frei übersetzt: „Das ist eben so. Da ist überall was bei." Und sofort ist man bei Krankheiten und dem Wetter.

Warft auf Hallig Hooge

Wat mutt, dat mutt!

Diese typische schleswig-holsteinische Redensart meint, dass eine Sache oder Angelegenheit unaufschiebbar ist.

wannern in't Watt

Diesen kleinen, lustigen sprachlichen Stolperstein aus Lütjenholm im Kreis Nordfriesland schickte uns Ellen V.: „Wenn dat Wannern in't Watt wat warrt." (Wenn das Wandern im Watt was wird.) Das ist ein Spruch, der in Arlewatt (Nordfriesland) bei Verabredungen oft zu hören ist.

Waus(en)/Wepsen

In einer Gesprächsrunde in Dollerup in der Nähe von Flensburg wurde festgestellt, dass es eine große Anzahl von Tiernamen gibt, die heute nicht mehr oder nur noch selten geläufig sind. Dazu gehören die Wausen (Wespen). In der Landschaft Angeln, in den Hüttener Bergen, einem Naherholungsgebiet zwischen Rendsburg und Eckernförde, ist mit „Waus" der Marienkäfer gemeint. In Dithmarschen, den Elbmarschen und in Mittelholstein sprechen wir von „Wepsen", mittelniederdeutsch „Wepse". Allgemein bekannt ist die Metapher: „He hett in't Wepsennest grepen, staken." (Er hat ins Wespennest gegriffen, gestochen.) Gemeint ist, dass sich jemand bei einer Sache „vergriffen" hat.

Wehdaag

Den Nordlichtern, und hier insbesondere den Plattdeutschen, kann nicht nachgesagt werden, dass sie wehleidig seien und den Arzt über Gebühr oft aufsuchten. „Wenn se aver över Wehdaag klaagt, denn hett dat Aart." (Wenn sie aber über Schmerzen klagen, dann ist es besonders ernst.) „Wehdaag" ist neben „Pien" („Tähnpien" – Zahnschmerzen) das echte plattdeutsche Wort für Schmerzen.

Wetter, kein gutes

Das Wetter in Norddeutschland beherrscht wie kaum ein anderes Thema die Gemüter der Menschen, vor allem der Touristen. Die Einheimischen erklären den besorgten Urlaubern gern mit trockenem Humor, es gäbe kein schlechtes Wetter, nur schlechte Kleidung. Dass der Hinweis auf das Wetter viele Jahre lang in so manchen Elternhäusern ein beliebtes Druckmittel war, essensunwillige Kinder zur Nahrungsaufnahme zu bewegen, belegt der folgende, aus dem Plattdeutschen ins Hochdeutsche völlig falsch übersetzte Spruch: „Wenn du deinen Teller nicht leer isst, gibt es morgen kein schönes Wetter." Die ursprüngliche plattdeutsche Version lautete: „Wenn du den Töller nich lerrig ittst, gifft dat morrn sowat Godes nich wedder." (Wenn du den Teller nicht leer isst, gibt es morgen sowas Gutes nicht wieder.) Wieder (wedder) wurde hier akustisch mit Wetter (Wedder) gleichgesetzt.

Windbüdel

Als „Windbüdel" (Windbeutel) bezeichnete man einst eine Art Röhre aus luftdichtem Tuch, die so angebracht war, dass der Wind hineinblies und so frische Luft in die Schiffskajüte trieb. Im Volksmund ist aber mit

Ein Windbeutel: Wer kann da schon widerstehen!

„Windbüdel" ein Aufschneider, Lügner, gemeint. Beispiel von der Halbinsel Eiderstedt in Nordfriesland: „De Windbüdel, de lüggt, dat em de Damp langs de Rüch treckt." (Der Windbeutel, der lügt, dass ihm der Dampf den Rücken entlangzieht.) Bekannt ist der Windbeutel auch als schmackhaftes Gebäck aus Brandteig, mit Schlagsahne und Kirschen gefüllt.

Wokeen langsam geiht, de kummt ok to Dörp

Den Nordlichtern wird oft nachgesagt, sie seien besonders langsam, bedächtig, umständlich in ihren Handlungsweisen und erschreckend mundfaul. Spötter nennen sie auch ironisierend die „Spanier des Nordens". Völlig falsch. Ihr Verhalten ist geprägt von der Erkenntnis: In der Ruhe liegt die Kraft. Sie denken einmal mehr nach, ehe sie den „Schnabel" aufreißen und drehen den Euro dreimal um, bevor sie ihn für Unnützes ausgeben. So kommen sie auch häufig besser ans Ziel, nach der Devise: „Wokeen langsam geiht, de kummt ok to Dörp." (Wer langsam geht, kommt auch ins Dorf.)

Wortspiel „op Platt"

Aus Witzwort auf der Halbinsel Eiderstedt erreichten uns diese schönen, witzigen Wortspiele:
Bei Regen unterstellen heißt „sik schul'n", und beleidigt spielen auch „muul'n" (maulen), was nicht stabil ist, das ist „flödig" (nicht sorgfältig), wer frech und patzig ist, ist „krötig" (kratzbürstig).

Z

zackereren

Wenn Menschen lauthals wie die Kesselflicker fluchen und schimpfen, hört man im Plattdeutschen oftmals Sprüche wie „De zackereert as Kreihn" (lärmen wie die Krähen).

Zappelbüdel

„Na, du lütt Zappelbüdel" ist die liebevolle Umschreibung für ein unruhiges, bewegungsfreudiges Kind. Im Hochdeutschen kennen wir hierfür den Begriff „Zappelphilipp".

zaustern

Überaus schwatzhafte, streitbare und keifige Zeitgenossen werden häufig mit dem Hinweis zurechtgewiesen, sie möchten doch bitteschön mit dem Zaustern aufhören. („Hol op mit de dore Zausterie.")

zipperig

Junge Frauen, die sich gegenüber dem männlichen Geschlecht prüde, zimperlich und empfindlich verhalten, gelten im Plattdeutschen häufig als „zipperig" (abgeleitet von „Zipp", die Bezeichnung für ein weibliches Tier, besonders für Kaninchen).

Mensing, Otto, Bd. I-V, Verlag Wachholtz 1927

Duden, Das Herkunftswörterbuch, Bd. 7,
    Dudenverlag Mannheim-Zürich

Duden, Redewendungen, Bd. 11,
    Dudenverlag Mannheim-Zürich

Lexikon und nokixel „Dor bin ick to Hus",
    Herausgegeben von Jochen Wiegand, Dölling und
    Galitz Verlag 1996

Arsch auf Grundeis, Rolf Kiesendahl,
    Ellert & Richter, 2019

So spricht Mecklenburg-Vorpommern,
    Ellert & Richter, 2013

111 Orte an der Ostseeküste, Alexandra und
    Jobst Schlennstedt, emons 2011

So spricht Schleswig-Holstein, sh:z,
    Ellert & Richter, 2011

So spricht und feiert Schleswig-Holstein, sh:z,
    Ellert & Richter, 2012

Schleswig-Holstein, Ein Reiseführer durch das Land
    zwischen Nordsee und Ostsee, Werner Neugebauer –
    Nis R. Nissen, LN-Verlag Lübeck, 1978

Sie wird noch gesprochen, die plattdeutsche Sprache, oh ja. Manche, wir nennen sie gelegentlich auch Spökenkieker, haben sie längst für tot erklärt. Selbst der 2019 so hoch geehrte niederdeutsche Dichter Klaus Groth befürchtete Mitte des 19. Jahrhunderts, das von ihm so heißgeliebte Plattdeutsch könnte Opfer der zunehmenden Industrialisierung werden. Sicher, es hat sich durch schwere Zeiten hindurch quälen müssen. Aber dort, wo es noch ein Zuhause hat – in der Fischerei, im Handwerk und in der Landwirtschaft – scheint es kaum etwas von seiner urwüchsigen Kraft eingebüßt zu haben.

Wenn Totenstille herrscht, heißt es verstärkend: Dat is dodenblackenstill. Stiller geht es nicht. Und wenn zu einer Suppe eine Prise Salz hinzugegeben werden sollte, sagte meine Mutter: Geev mi man noch'n lüerlütt beten Solt. Weniger ging nicht. Anschaulich auch dieser Spruch über ihrem Bett: Ahn Leev vergenegelt dat Hart. (Ohne Liebe verkümmert das Herz.) Und wenn ein Kind unterwegs war, ein Kind der Liebe, sagte man in Dithmarschen schon mal, gewürzt mit deftigem Humor: Dor hett Jehann woll'n beten deep plöögt (ein bißchen tief gepflügt).

„Und dann ist da im Platt der ganze Humor der Norddeutschen, ihr gutmütiger Spott, wenn es einer gar zu toll treibt, ihr fest zupackender Spaß, wenn sie falschen Glanz wittern, und sie wittern ihn unfehlbar …" (Kurt Tucholsky, Schloß Gripsholm). Ja, Spaß haben, sich vergnügen, von Herzen lachen können, das verbinden die meisten Menschen mit diesem Idiom. Und danach sind viele Lesungen und örtliche Theatergruppen inhaltlich ausgerichtet. Man darf mit Fug und Recht sagen, dass sie für das Zusammenleben im ländlichen Raum von unschätzbarem Wert sind.

Und dennoch ist Plattdeutsch nicht „platt", wie hin und wieder abschätzig zu hören ist, nur die Sprache des „platten" Landes. Platt ist vom Satzbau her einfacher konstruiert, Schachtelsätze, etwa verbunden durch Konjunktionen (Bindewörter), vermeidet der Sprecher, auch der kundige Schreiber. Dadurch wird die Sprache allgemein verständlicher, direkter, unmittelbarer, knapper und bildhafter.

Leider ist festzustellen, dass die Zahl derjenigen, die nach ihrer Selbsteinschätzung Plattdeutsch verstehen, sprechen und schreiben können, erheblich abgenommen hat. Seit einigen Jahren gibt es daher länderübergreifende Bestrebungen, die Sprache zu schützen und zu fördern. In Schleswig-Holstein ist die Landesregierung im Zusammenwirken mit dem Schleswig-Holsteinischen Heimatbund und den beiden Universitäten dabei, für Schulen und soziale Einrichtungen plattdeutsche Unterrichtsmodule zu entwickeln. Zurzeit wird an über fünfzig Schulen regelmäßiger Plattdeutschunterricht erteilt. Se plöögt all desülwe För (sind sich einig): Dat's allens man blots en Drapen op den hitten Steen. (Das ist alles nur ein Tropfen auf dem heißen Stein.)

Die alles entscheidende Frage bleibt: Können all diese gutgemeinten und mit großem ideellen, personellen und finanziellen Aufwand eingesetzten Hilfen eine so schöne, kräftige, klare und bildhafte Sprache wie das Plattdeutsche vor dem weiteren, schrittweisen Niedergang bewahren?

Snacken, snacken un noch mol snacken, kann ik blots seggen. Eenfach snacken.

Karl-Heinz Groth

Schleswig-Holsteinischer Zeitungsverlag sh:z
1001 **Tipps**
für einen schönen Tag in Schleswig-Holstein
290 Seiten mit zahlreichen Abbildungen
978-3-8319- 0749-6

Die Mitarbeiter der Lokalredaktionen des Schleswig-Holsteinischen Zeitungsverlages (sh:z) sowie des A. Beig-Verlags haben ihre Heimat unter die Lupe genommen und verraten ihre persönlichen Highlights inklusive Geheimtipps im Land zwischen den Meeren. Wer sich schon immer einmal vorgenommen hat, Schleswig-Holstein neu zu entdecken, hat nun den optimalen Reiseführer zur Hand. Egal, ob Sie Wasserratte oder Landgänger sind, Kultur- oder Sportliebhaber, Müßiggänger oder Flaneur – für jeden ist der passende Ausflugsort dabei. Entdecken Sie Schleswig-Holsteins schönste Seiten!

Alexandra Brosowski / Karin Lubowski
Schleswig-Holstein für Klookschieter
176 Seiten mit 40 Abbildungen
978-3-8319-0668-0

Wer weiß, was ein Plüschmors ist und woher unser Moin kommt? Die Sylter Royal ist keine Adelige, aber was denn dann? Was sind Donnerkeile und Duckdalben? Schwarzsauer und Mehlbüdel sind keine Schimpfwörter und was hat Alfred Nobel in Schleswig-Holstein zu schaffen? Warum der Klabautermann heißt, wie er heißt? Schönes, Seltsames, Verblüffendes, Typisches: Im Norden gibt es – für Auswärtige wie für Einheimische – vieles zu erkunden. Nord- und Ostsee, Wind und weiter Himmel haben Land und Leute, das Miteinander, die Sprache und die Küche geprägt – und gelegentlich zu regionalen Rätseln geformt. Viele Wörter benutzen wir täglich, kennen aber nicht ihre Herkunft. Wer bei den Nordlichtern mithalten will, findet hier viele Erklärungen zu landestypischen Besonderheiten – auf das er zum „Klookschieter" (plattdeutsch für Besserwisser) werde.

Julia Voigt / Imke Voigtländer
Küsten-Wissen
Von Achtern bis Zugvögel
192 Seiten mit 97 Abbildungen
978-3-8319-0682-6

An den Küsten Schleswig-Holsteins, Niedersachsens und
Mecklenburg-Vorpommerns gibt es viel zu entdecken. Das
sprachliche Rüstzeug für Ihre Erkundungstouren in der eigenen Heimat oder am Urlaubsort finden Sie im
Küsten-Wissen – inhaltlich informativ und unterhaltsam ge-
schrieben. Vielleicht haben Sie schon erraten, dass Achtern
nichts mit der Zahl Acht zu tun hat. Aber wussten Sie auch,
dass ein Krähennest nicht nur die Behausung schwarzer Vögel
ist, sondern auch die Bezeichnung für den Ausguck am vorde-
ren Schiffsmast? Blättern Sie sich schlau und werden Sie mit
dem Küsten-Wissen zum Klookschieter. Was das bedeutet,
können Sie sich sicher denken.

Schleswig-Holstein zu Fuß
Die 25 schönsten Wanderungen an und
zwischen den Meeren
sh:z (Hrsg.)
192 Seiten mit 119 Abbildungen
25 Tourenkarten, 2 Übersichtskarten
978-3-8319-0567-6

Schleswig-Holstein ist ein Paradies für Wanderer: zwei Mee-
resküsten, Inseln und Watt, Flüsse und Seen, sanfte Hügel und
schattige Wälder. Der Biologe und Wanderliebhaber Holger
Schulz sowie die Lokalredaktionen des Schleswig-Holsteinischen Zeitungsverlags (sh:z) und des A. Beig-Verlags haben
ihre Heimat auf Schusters Rappen erkundet und für Sie die 25
schönsten Wanderstrecken in Schleswig-Holstein zusammengestellt – von der Nord- bis zur Ostsee, vom Hamburger Um-
land bis an die dänische Grenze. Detaillierte
Tourbeschreibungen mit Hinweisen auf attraktive Sehenswür-
digkeiten, empfehlenswerte Gastronomie und spannende Na-
turphänomene auf den Strecken werden ergänzt durch Karten,
zahlreiche Fotos und ein Register. Einsteiger, geübte Wanderer
und Pilgerfreunde kommen mit diesem Buch gleichermaßen
auf ihre Kosten.

Bildnachweis

Titelabbildungen:
Schleswig-Holsteinischer Zeitungsverlag (sh:z); Föhr Tourismus (Hergen Schimpf); Huber Images (Hans-Peter Syska); Wikimedia Commons

Abbildungen Innenteil:
StockFood, München: S. 2 (Jan-Peter Westermann), 59 (Karl Newedel), 130 (Zabert Sandmann Verlag, Kramp+Gölling, 143 (Johnny Taylor Photgraphy)
Wikimedia Commons: S. 16/ 112 (Hajotthu), 24 (Andreas Bemeleit), 48, 49 (Hermann Junghans), 65, 73, 75, 82, 94, 96, 101, 105 (Soenke Rahn), 106/107 (Ralf Roletschek), 117 (W.Bulach), 123 (Peter van der Slujis), 133, 138 (Olaf Simons), 155 (John Haslam), 160
Georg Quedens, Amrum: S. 23
picture alliance, Frankfurt a. Main: S. 28, 29
Staatsarchiv der Freien und Hansestadt Hamburg: S.42
Dat Ole Hus, Aukrug-Bünzen: S. 51
Schleswig-Holsteinische Landesbibliothek, Kiel: S. 53
SHMH, Altonaer Museum, Inv.-Nr. 1978-609, 1: S. 54
aus: Rüdiger Vossen, Weihnachtsbräuche in aller Welt, Hamburg 2012/2019, S. 155: S. 71
Helmut Wiege, Langeneß: S. 83
Huber Images: S. 84 (Katja Kreder), 113/118 (Sabine Lubenow), 156/157 (Christian Bäck)

Impressum

Bibliografische Information der Deutschen Nationalbibliothek
Die Deutsche Nationalbibliothek verzeichnet diese Publikation in der Deutschen Nationalbibliografie; detaillierte bibliografische Daten sind im Internet über http://dnb.d-nb.de abrufbar.

ISBN 978-3-8319-0778-6

© Ellert & Richter Verlag GmbH, Hamburg 2020
2. Auflage 2020

Redaktion: Sophie Niemann, Hamburg
Gestaltung: BrücknerAping, Büro für Gestaltung GbR, Bremen
Gesamtherstellung: CPI books GmbH, Leck

www.ellert-richter.de
www.facebook.com/EllertRichterVerlag